このドキュメンタリーはフィクションです

稲田豊史

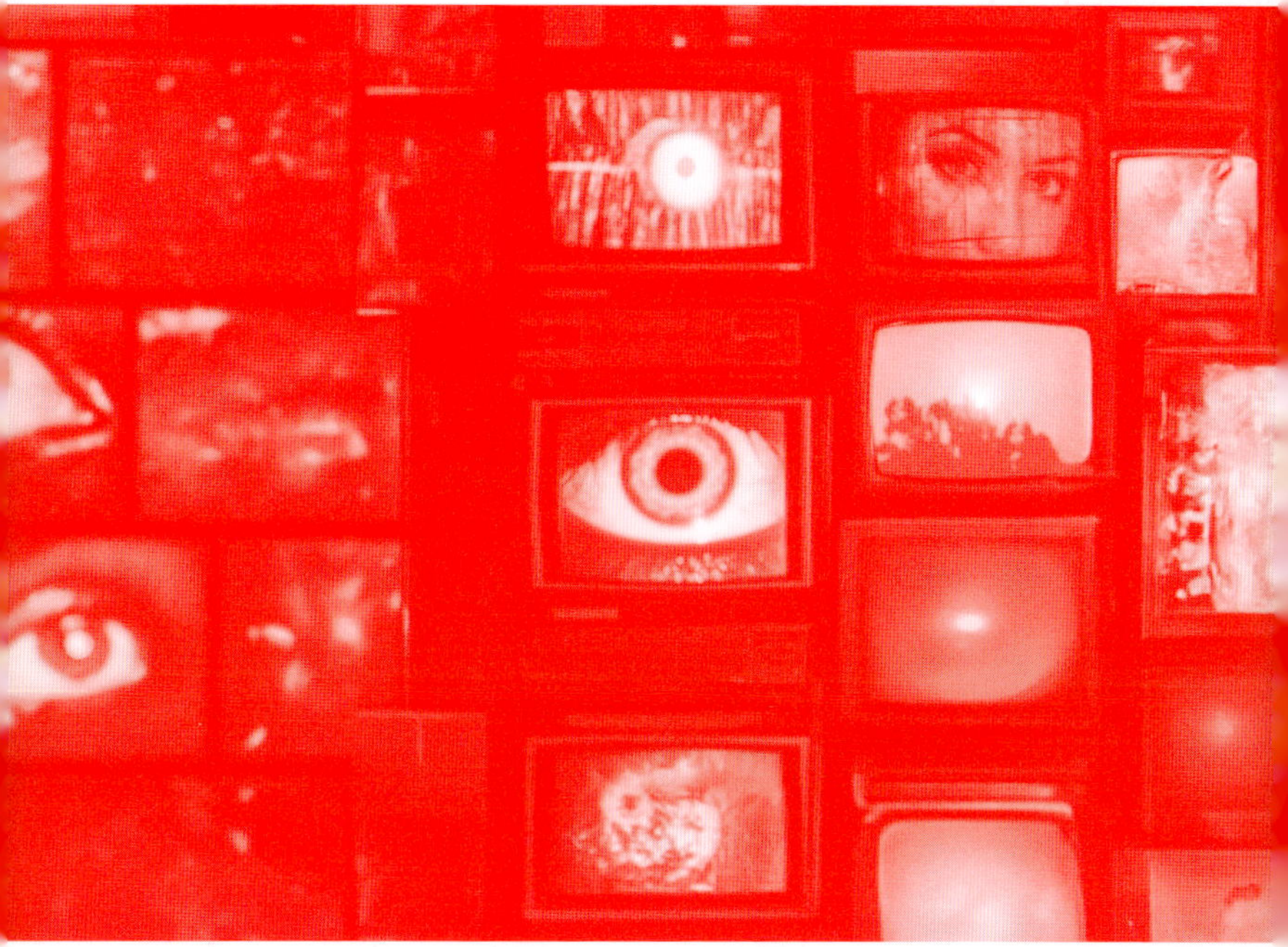

THIS DOCUMENTARY IS FICTIONAL

INADA Toyoshi

光文社

THIS DOCUMENTARY IS FICTIONAL

このドキュメンタリーはフィクションです

初めて会った時の君
ベレー帽で少し年上で言う
「小沢くん、インタビューとかでは
何も本当のこと言ってないじゃない」

——小沢健二《おざわけんじ》「アルペジオ（きっと魔法のトンネルの先）」

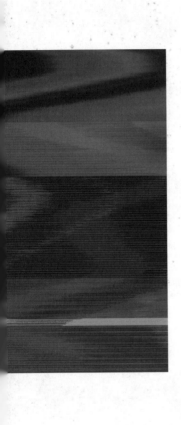

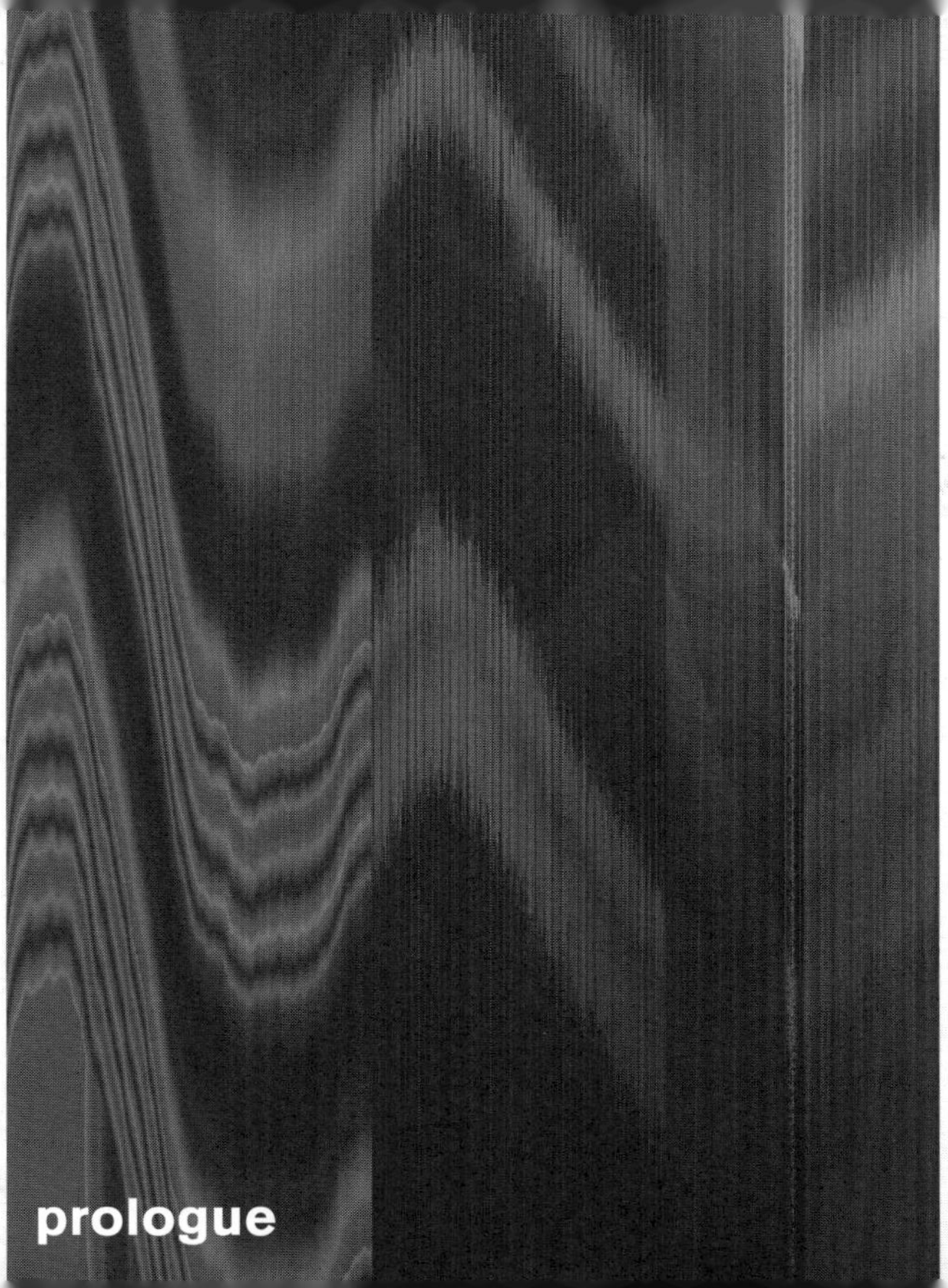

prologue

『広辞苑《こうじえん》　第七版』のドキュメンタリーの項目には、こう書いてある。「虚構を用いずに、実際の記録に基づいて作ったもの。記録文学・記録映画の類。実録」。それゆえ、多くの人にとって映像作品としてのドキュメンタリーは、長らく以下のようにイメージされてきた。


「脚本や仕込みのない、事実のみを記録した映像」

「客観性や中立性が守られる」


否、むしろドキュメンタリーの醍醐味《だいごみ》は、これらとは真逆の性質にある。

前者については〝事実のみ〟の定義による。ある種のドキュメンタリー監督は、対象にカメラを向けなければ（撮影者が関与しなければ）起こりえなかったハプニングすら堂々と〝事実である〟と主張し、作品を彩るケレン味としてちゃっかり利用する。そんな強い作為性こそが、彼らの作るドキュメンタリーの本体だと言ってもいい。

後者については、却《かえ》って「客観的でも中立的でもない」からこそドキュメンタリーは面白いのではないか。我々の心を捉えて離さないドキュメンタリーは決まって、作り手の「たくらみ」にあふれている。客観や中立などどこ吹く風。徹頭徹尾、作り手の意図と主観まみれだ。

そもそも現代において、記録映像が客観的でも中立的でもないことは常識である。

誰もがスマホを片手に動画を撮り、簡単に編集もできる時代だ。同じイベントに参加した人たちが各々その模様を撮影しても、１００人いれば１００通りの映像が出来上がってくる。インターネットを見渡せば、元動画の一部を切り出して編集を施し、ミスリードを誘うキャプションをつけて意図的に別の文脈を植え付けた加工動画が無限にあふれている。映像から受ける印象など指先ひとつで簡単にコントロール可能だということは、今や多くの人の知るところだ。

そもそも、映像の語り手が個人である以上、そして語られる内容が個人の意図に基づいている以上、どこにも偏らない「客観」や「中立」など存在しえない。多様性の尊重が叫ばれる世の中なればこそ、その謂《いい》の説得力は高いだろう。「中立的な人生観」や「中立的な政治思想」や「セクシャリティに関する中立的な立場」など存在しない。そこにあるのは個別の強度を持つ信念であって、客観や中立ではない。ましてや〝真実〟など、誰にも定義できない。「映像が捉えた真実」の嘘臭《うそくさ》さたるや。

刺激的なドキュメンタリーほど、カギカッコつきの〝社会正義〟や〝真実〟に最初《はな》から喧嘩《けんか》を仕掛けてくる。善良な視聴者が「社会正義らしきもの」「これぞ真実」とうすら信じ込んでいるフレームを、精密な構成と巧みなストーリーテリングによって鮮やかに解体していく。

たとえば、２０１０年代以降の国内ドキュメンタリーシーンを牽引《けんいん》したと言っても過言ではない東海《とうかい》テレビ制作のドキュメンタリー作品群には[*1]、それが顕著だ。

「戸塚《とつか》ヨットスクール事件」で世を騒がせた戸塚宏《ひろし》校長を追った『平成ジレンマ』（10／監督・齊《さい》

藤潤一《とうじゆんいち》）では、家庭で手の施しようがなくなった我が子を同校に預けに来る親の苦境や、ドロップアウトした子供たちの受け皿が社会にないという現実を描くことで、「体罰は悪」という〝当たり前〟に強く揺さぶりをかける。

暴力団の事務所にカメラを据えてその日常を追った『ヤクザと憲法』（15／監督：土方宏史《ひじかたこうじ》）では、構成員がまったくもって景気のいい生活などしていないこと、銀行口座が持てないこと、子供を保育園に通わせられないことなど、憲法で保障された最低限の権利も行使できない彼らの惨めさを活写して観客の同情を誘う。「ヤクザ側が社会から虐げられている」という一般的なイメージとは逆の事実を積極的に提示することで、「ヤクザ＝暴君にして強者」という〝当たり前〟の構図に、これまた揺さぶりをかける。

これらの揺さぶりもまた、作り手の作為であり、「たくらみ」の産物だ。

よくできたドキュメンタリーは、社会科の授業で無理やり見せられたお勉強番組、ただただ事実を羅列した記録映画、教育臭が鼻につく文化映画の退屈さとは、むしろ距離を置くスタンスを崩さない。要は、ちゃんと「面白い」。

意図も主観も、関与も作為性も、揺さぶりも、すべては映像作品として「面白く」するために仕込まれる。仕組まれる。それは、作られた物語〈フィクション〉が、主題の設定から構造、展開、細部の描写に至るまで、漏れなくすべてが物語を「面白く」するために作り手の作為によって完全制御されていることと、なんら変わらない。ドキュメンタリーとフィクションの境界線は実に曖昧で危ういが、そこもまた「面白い」ところだ。

本書は、現代ドキュメンタリー[*2]の「面白さ」を浮き彫りにする論点を全10章にわたって設定し、その考察にうってつけの作品を各章ごとにセレクトして、観方《みかた》を軸に論じたものだ。

この「面白さ」の核にあるのは当然、腹に一物あるドキュメンタリー監督〈ドキュメンタリスト〉たちが作品に込めた「たくらみ」だ。各作品の鑑賞にあたっては、「たくらみ」を引きずり出し、骨の髄まで味わい尽くすことを目的に据える。

セレクトにあたっては、鑑賞のしやすさ、とっつきやすさを優先した結果、「主に1990年代以降に発表された比較的新しい作品」「配信やDVDレンタルなど、比較的手軽な手段で観やすい作品」を意識した。[*3]なお論点抽出を優先しているため、ドキュメンタリー史的な意味での重要作を網羅してはいない。そればかりか、ドキュメンタリーの文脈で語ってもよいのかと疑問を呈されるであろう作品が含まれていることも、ご承知おきいただきたい。

また、ドキュメンタリージャンルの中ではそれなりの勢力を誇る「雄大な自然や野生動物の生態を捉えたネイチャー系ドキュメンタリー」の類《たぐ》いは取り上げていない。これらの「撮影が困難だった」「珍しい／美しい映像である」といった特徴は、「たくらみ」の発見という目的にはあまり向いていないと判断したからだ。

全10章は以下のような構成とした。

第1章と第2章では、「作り手の意図」や「被写体への関与」の点で、ドキュメンタリストの作為が直接的に現れている作品を取り上げ、本書の「面白がりかた」の基本スタンスを確認する。

第3章と第4章では、「被写体が近親者であること」「外国人監督が日本を撮ること」という〝特殊〟ケースを掘り下げ、撮影者の立場や属性によってドキュメンタリーに何が可能となるのかを明らかにする。

第5章では、あらゆるドキュメンタリーに必要不可欠な〝背骨〟たる「ストーリーテリング」に潜む作為を考えることでドキュメンタリーの面白みを俯瞰《ふかん》的に捉え、本書前半を総括する。

第6章は、いわば補講だ。ドキュメンタリー好き以外にもとっつきやすいメイキングドキュメンタリーの形式を取り上げながら、「本編とメイキング」の関係が「現実とドキュメンタリー」の関係に近似であることについて述べる。

以降は応用編だ。

第7章と第8章では「お笑い番組」、第9章では「プロレス」という、一見してドキュメンタリーとは無関係のエンタテインメントジャンルに潜む、きわめてドキュメンタリー的なアプローチ、きわめてドキュメンタリー的な批評性、あるいは「たくらみ」を見出《みいだ》すことで、ドキュメンタリーの本質をさらに掘り下げる。ドキュメンタリーとは、ジャンルではなく手法なのだ。

第10章では、ドキュメンタリーを模したフィクションであるフェイクドキュメンタリーを考察し、逆説的に「ドキュメンタリーらしさ」の核心を再確認する。

本書名『このドキュメンタリーはフィクションです』の意味するところについては、本書を読み進めれば自然にご納得いただけるだろう。

＊1　愛知県の放送局・東海テレビが制作したドキュメンタリー番組が編集を施されて劇場公開される一連のシリーズは「東海テレビドキュメンタリー劇場」と銘打たれている。プロデューサーは同社（2024年1月に退社）の阿武野勝彦《あぶのかつひこ》。

＊2　本書中における「ドキュメンタリー」は「映像ドキュメンタリー」を指すものとする。

＊3　ただし本書中でたびたび言及する「東海テレビドキュメンタリー劇場」に限っては、DVD化も配信化もされないことで知られており、過去作を視聴する方法は、東京のミニシアター「ポレポレ東中野《ひがしなかの》」で不定期に開催される特集上映に足を運ぶか、放送実績のある日本映画専門チャンネルでの再放送を待つほかない。これは「比較的手軽な手段で観やすい作品」に反するが、2010年代以降の日本における「面白いドキュメンタリー」を語る上では避けて通れないと判断し、例外とした。

contents

＊本文中、『作品名』の後の（ ）は製作年（西暦）の下2桁です

第1章

「作り手の意図」にまみれた娯楽性

ミステリーの3要件

ある種のドキュメンタリーの醍醐味はミステリー小説のそれに近い。曰《いわ》く、高度に知的な創作物。退屈とは無縁で、結末には大いなる快感が待っている。

ミステリー作家・翻訳家の仁賀克雄《じんかかつお》は、ミステリーの要件として「発端の不可思議性」「中途のサスペンス」「結末の意外性」の3つを挙げているが、Netflixで2020年に発表された『アメリカン・マーダー：一家殺害事件の実録』は、その3つを完全に満たしている。

まず、「発端の不可思議性」。2018年8月13日、アメリカのコロラド州郊外、作り物のごとき典型的なニュータウンの一角で事件は起きる。34歳の母親シャナンと幼い娘ふたりが行方不明になったのだ。シャナンに連絡がつかないことを不審に思った彼女の友人女性が警察に通報して発覚。駆けつけた夫のクリスにも心当たりがなく、自宅には何の痕跡もない。

並行して、シャナンが過去にFacebookへ投稿した写真や動画が紹介され、幸せな家庭生活を送っていたことが示される。シャナンに一体何が起こったのか？

次に「中途のサスペンス」。隣人による「クリスがソワソワしていて様子がおかしい」という発言を機に、シャナンとクリスの夫婦生活がうまくいっていなかったことが、少しずつ明らかになっていく。シャナンと子供たちは行方不明になる直前、彼女の両親が住む実家に帰省していた。シャナンがクリスの両親と折り合いが悪いことも、ここで明らかになる。Ｆａｃｅｂｏｏｋによるシャナンの「家庭円満」アピールは嘘だったのだろうか？

そして「結末の意外性」。警察がさまざまな証拠を挙げ、驚きの真相が明らかになる。と同時に、事件３日前から当日までの状況が、シャナンと友人、あるいはシャナンとクリスとの間で交わされたメッセンジャーのやり取りによって明らかになる。事件前夜の状況を終盤で一気に明かす、定番のミステリー構成だ。

しかし、それでは終わらない。本作は見事な「二段落ち」をかましてくる。明かされたと思われた「真相」は、本当の「真相」ではなかった。ラスト、あまりに酷《ひど》い真実が明らかになって終幕。トータル１時間23分、息つく暇もない見事な構成だ。

失踪女性の「鼻につくＳＮＳしぐさ」

実話にしてはあまりに出来すぎではないか？　と疑いたくなるほど完成度の高い展開。とはいえ、「事実は小説より奇なり」などという牧歌的な感想をひとりごちて満足してはいけない。本作には、制作者たちの巧妙な「意図」が差し込まれているからだ。

我々視聴者がもっとも気に留めるべきは、「本作の制作者たちは、事件の真相が完全に明らかになった〝後《あと》〟で本ドキュメンタリーの構成を考えた」という点だ。彼らは、この〝物語〟が最高に面白くなるよう、構成と編集に大いなる「意図」を介在させた。それは第5章で詳述する「ストーリーテリング」という名の芸と言ってもいい。（最初から犯人を知っている）ミステリー小説の作者が、どういう順番で語れば読者を物語に没入させられるかを思案するのと同じ。目を引く口上で観客の注意を引き、興味を煽《あお》り、結論を引っ張りに引っ張った挙げ句、絶妙のタイミングで真相を開示して観客にカタルシスをもたらし、栄誉の大喝采を浴びる。見世物に付加価値を与える興行師の腕前そのものだ。

『アメリカン・マーダー』というドキュメンタリー作品で披露された最大の芸、それは視聴者がシャナンに抱く印象の巧みな操作、いわばミスリードである。

同作は冒頭から、シャナンの「自慢げで誇らしげなＦａｃｅｂｏｏｋ投稿」を、シャナン自身のナレーション（投稿動画に入っていた音声）とともに、これでもかというくらいに流しまくる。夫と子供に囲まれて自分がいかに幸せな人生を送っているか、日々の暮らしがいかに満たされているか。それは激しく〝キラキラ〟している。

多くの視聴者はこれを見て、「シャナンの人生は幸せなんだな」と無邪気に目を細めたり……はしない。いけ好かない見栄《みえ》っ張りのＳＮＳジャンキー、あるいは自己顕示欲と承認欲求の強い女だという印象を抱くだろう。

〝結婚・出産という成功〟を手にした女性がＦａｃｅｂｏｏｋで自分の家族のライフイベントを無邪気に投稿し、独身女性がそれをマウンティングと受け取って辟易《へきえき》するハラスメント被害報告は、我が国だけでなくアメリカでも日常茶飯事。すなわち本作は、シャナンの人物紹介が行われる序章部分でいきなり「シャナンはそっち系の〝痛い〟女性」であることを、そこはかとなく（素知らぬ顔をして）視聴者に印象づける。

シャナンは自分語りが多い。自分に自信が持てなかった子供時代、失敗した1度目の結婚、苦しかった病気。それらを乗り越えて今、最高の家庭を持てたことを、Ｆａｃｅｂｏｏｋの投稿で大いに語る。数多《あまた》の苦労に打ち勝ったのちに自己肯定感を獲得した彼女は、たしかに充実した人生を謳《おう》歌《か》していたのだろう。

しかし幸せマウンティング投稿と同様、そのような自分語りや、高まった自己肯定感の押し付け気味アピールに不快感を覚える者は少なくない。彼女の辛《つら》い半生を承知している親しい友人ならともかく、そうでもない視聴者にとって、それらはすべて「鼻につくＳＮＳしぐさ」だ。そのことを制作側が承知していないはずがない。

そう見えるように仕向けている

中盤では、クリスの両親がクリスとシャナンの結婚式に出席しなかったことが明らかになる。その理由は、クリスの両親がシャナンをあまり好きではないからだと語られるが、親が実の息子の結婚式に出席しないのは、かなり異例だ。結婚式の出席を拒否されるほど「シャナンは問題のある女だった」という印象を、視聴者は植え付けられる。

さらに結婚後は、娘のアレルギーにまつわることでシャナンがクリスの母親を「怒った」ことが語られ、今度は「義母とうまくやれない妻」であるという印象が強まる。

このように、制作者はシャナンが「神経質で面倒な女」であるという材料を意図的に並べていく。視聴者は先のＦａｃｅｂｏｏｋ投稿のキラキラぶりと合わせて、「シャナンは独善的な理想を周囲に押し付け、それをＦａｃｅｂｏｏｋで自慢したい（問題のある）女」だという見立てから離れられなくなる。

極め付きは、娘たちと実家に帰省中のシャナンのもとに、クリスが合流するシーンだ。シャナンは事前にメッセンジャーでクリスに「（娘）２人の映像を撮るから、（空港の）エスカレーターで下りてくる時に教えて」と伝える。この時点で夫婦仲はかなり悪化しているにもかかわらず、とにかくＦａｃｅｂｏｏｋ投稿用に見栄《みば》えのいい〝画《え》〟を撮りたいシャナン。視聴者はシャナンという女の「いけ好かなさ」が気に障《さわ》りはじめる。

画面には当時のシャナンとクリスのメッセンジャーのやり取りが、文面そのままで表示されるが、それによると、シャナンはとにかくクリスに「歩み寄ってほしい」とヒステリックに求めるばかり。クリスは逆ギレすることもなく謝罪し、愛の言葉をいじらしく返す。その間シャナンは友人に「こっちで１回しかキスされてない」「お尻触ったりハグしたり、そういうのは全然」という不満を漏らし、セックスレス状態に絶望する。

こうなると、視聴者は以下のような構図でふたりを見はじめる。「自己顕示欲が強く、ナルシストで、自分の理想を夫に押し付けるメンヘラ気味の妻」と「それに苦しめられている夫」。一般的に、夫婦仲が冷え込んだ場合は双方が努力することでしか解決されない。にもかかわらず、この状況は明らかに「シャナンが一方的にクリスに歩み寄れと命令している」ように見える。

否、制作側が**そう見えるように仕向けている**。

このような「制作者の意図にまみれた構図」が、「結末の意外性」でどのように大きく変容するかは、ぜひ本編を見て確かめてほしい。

キャラが〝ぶれない〟よう、慎重に素材を選ぶ

制作者は本編のある時点まで、視聴者が「シャナンは面倒な女」と思うようにがっつりミスリードしている。視聴者がそういう印象を抱くような映像素材だけをチョイスし、そういう印象を抱くように構成し、そういう印象を抱くように編集しているのだ。

シャナンが発した文章や動画の中には、シャナンがもっと穏やかで、理知的で、夫に歩み寄ろうという意志を示すものも、きっと含まれていただろう。人間のパーソナリティは多面的だ。しかし制作者はそれらの文章や動画を（おそらくは）本編に採用しなかった。前半で視聴者に抱かせたいシャナンのキャラが〝ぶれる〟からだ。

これはミステリー小説の手法「信頼できない語り手」に、どことなく似ている。その事件、その人物の性質をフェアに伝えるためには当然開示しておくべき情報をあえて語らないことで、意図した別の印象を読者に植え付ける。しかし制作者に詰め寄れば、こう返答されるだろう。

「嘘はついていない。ただ、言わなかっただけだ」

p．6で述べた一般的な定義に従うならば、ドキュメンタリーは「実際の記録に基づいて」構成されている。つまり原理的に「嘘」は存在しない。その免罪符がある限り、ドキュメンタリストは——ある意味でフィクションよりも——カメラが捉えた事象に強い説得力を持たせられる。「僕が頭で考えたことじゃありません。実際に起こったことなんです。事実は小説より奇なりですよね！」。白々しくも、痛快な一言とともに。

しかも本作に至っては、その免罪符が普通のドキュメンタリーよりもずっと強い効力を発揮する。なぜなら、全編が「有り物の映像素材だけ」でできているからだ。

実は、『アメリカン・マーダー』を作る目的で「新たに撮影した素材」は1秒たりともない。本編が始まる前にはこのような注意書きが表示される。

「映像はすべて警察やメディアが撮影したもの、またはネット上にアップされたものです。個人の映像やメッセージは、シャナンの家族や友人から提供されたものです」

その内訳は、

・シャナンがSNS公開用に撮った写真や動画
・クリスが公開を前提としないで撮った写真や動画
・シャナンとクリスの結婚式動画
・シャナンやクリスが交わしたメッセンジャーの文面
・通報を受けた警察が夫妻宅を捜索している模様を記録した一人称視点のカメラ映像
・夫妻宅隣家の防犯カメラ映像
・事件を報じるTV局のニュース映像
・警察内取調室の固定カメラ映像

といったもの。つまり、制作側が物語を捏造《ねつぞう》するために撮り下ろした映像は、一切ない。ないにもかかわらず、ここまで作為的、意図的に〝完璧なミステリー〟を紡ぐことができるのが、ドキュメンタリーの恐ろしさであり、悪魔的な面白さの本質なのだ。

『さよならテレビ』の完璧なキャラクター設定

キャラが〝ぶれない〟よう採用する素材を慎重に選ぶという点について語るなら、東海テレビ制作の『さよならテレビ』（18／監督：土方宏史）はぜひ挙げておきたい。その内容は、東海テレビ社内の報道部にカメラとマイクを設置し、1年7ヶ月にわたって日々の状況を記録したものだ。

カメラは3人のTVマンを追いかける。福島智之《ふくしまともゆき》アナウンサー、ベテラン契約社員の澤村慎太郎《さわむらしんたろう》記者、派遣社員として報道チームにやってきた新人の渡邊雅之《わたなべまさゆき》記者。この3人のキャラが、あまりにも〝出来すぎて〟いる。完成度が高すぎるのだ。

福島アナは〝ヘタレアナ〟だ。炎上を恐れて自分の意見を言えない気弱者で、最終的にはMCを務める番組の視聴率が振るわず、キャスターを降板させられてしまう。

澤村記者は〝反骨のジャーナリスト〟だ。古いタイプの硬派なジャーナリスト魂を見せる記者だが、過去のキャリアを見るに〝華々しい仕事〟はしていないし、本人もそれを認めている。であるからこそ、居酒屋で同業者に熱いマスコミ論をぶつあたりには悲哀すら漂う。

渡邊記者は〝若手ダメ記者〟だ。食レポは下手《へた》すぎる、街頭インタビューも要領が悪い、テロップの誤植や取材相手に対する確認ミスで、たびたび上司に叱責されている。

まるで、脚本家が書いていそうなキャラクター設定。どこの劇団から連れてきたのかと勘繰《かんぐ》ってしまうほど、彼らの容姿や佇《たたず》まいはキャラにハマっている。完璧なナイスキャスティングだ。

ただ、それは当然であろう。3人のキャラクターが視聴者に一瞬で理解されるよう、作り手は巧妙に「採用する事実の取捨選択」をしているに違いないからだ。福島アナが自分の意見をしっかり述べた瞬間、古いタイプの記者像にハマらない澤村記者の言動、渡邊記者が業務をそつなくこなす場面。これらは、**優先的には採用されなかった**と思われる（そのヒントは本編のラストに開示される)。なにせ1年7ヶ月にわたってカメラとマイクを設置しているのだから。

ちなみに渡邊記者は趣味が「女性アイドル」である。彼がアイドルと撮影したチェキや、彼がライブに参加している模様を、「仕事のできなさっぷり」と並べる形でわざわざ本編に採用する点には、制作側の明らかな「意図」が透けて見える。

強いキャラクター性を持った登場人物がいれば、視聴者は彼らが織りなす物語に没頭できる。これはフィクション作品でもドキュメンタリーでも変わらない。

『ｓｅａｒｃｈ/サーチ』の現実化

ところで、映画好きたちは『アメリカン・マーダー』を観て、あるフィクション作品を真っ先に思い出した。シャナン母子失踪からわずか18日後の２０１８年8月31日に全米で公開された『ｓｅａｒｃｈ/サーチ』(監督:アニーシュ・チャガンティ/主演:ジョン・チョー)というミステリー/スリラー映画だ。行方不明になった娘を父親が捜す話だが、全編が「ＰＣに表示される画面上」だけで展開する。

なぜＰＣ画面だけで物語を紡げるのか。それは、現代社会ではあらゆるものが撮影・録画されており、その多くがインターネット経由のＰＣ上で視聴できる状態になっているからだ。

たとえば、現在のほとんどのノートＰＣにはインカメラがついている。これにより、ＦａｃｅＴ

imeでの通話中は話者双方の顔が画面内に映る。『search／サーチ』の「登場人物同士が会話するシーン」はこの画面で事足りるわけだ。

PCのハードディスクには父親が家族を撮影した動画が残っているし、娘が自撮りした生配信動画のアーカイブもある。定点ウェブカメラの映像、街の監視カメラ映像、ネットのニュース動画や投稿動画などの映像素材、それらを総動員すれば映画1本分の物語を紡ぐのは十分に可能であることを、同作は証明した。

『search／サーチ』で娘を捜索する父親は、いわゆる〝安楽椅子探偵〟よろしくPCの前で真実に行き着くが、白眉なのは、真実に行き着く手段が高度なハッキングなどではなく、我々が日常的に使っているPCの操作（検索や通話履歴の閲覧）や無料WEBサービスの利用、あるいはちょっとした機転だけで成り立っているという点だ。その意味で、本作は完全なフィクションながら、一切の「嘘」をついていない。その巧みさが評価され、同作はサンダンス映画祭で観客賞（NEXT部門）を獲得。低予算・小規模公開作品ながら多くの批評家に激賞された。

『search／サーチ』はメタ的な意味合いとして「映画として新たに撮り下ろした映像素材はひとつもない」という〝態《てい》〟で、1本の映画作品を作り上げた。それをメタではなく、正真正銘の現実としてやり遂げたのが『アメリカン・マーダー』だ。

『search／サーチ』も『アメリカン・マーダー』も、「発端の不可思議性」「中途のサスペンス」「結末の意外性」を高いレベルで満たしている点では肩を並べている。しかし、それらの要件を満たすためにそれっぽい映像をフルスクラッチで作った『ｓｅａｒｃｈ／サーチ』よりも、有り物素材の組み合わせでしれっと作り上げてしまった『アメリカン・マーダー』のほうが、偉業度は高い。冷蔵庫の余り物で至高の一皿を完成させてしまったがごとき〝粋《いき》〟を感じる。

技術の進化がドキュメンタリーを変えた

ドキュメンタリーは快感に満ちており、制作者の作為に満ちた知的な遊戯であり、構成の妙味と編集の恐ろしさ、あるいは悪意すら楽しめる麻薬的な娯楽であり、かつフィクションよりも〝粋〟。それを手っ取り早くつまみ食いできるうってつけの作品が、『アメリカン・マーダー』だ。

思えば『アメリカン・マーダー』は、２０２０年であればこそ成立したドキュメンタリーである。一昔前、警察官が主観カメラで室内捜索の模様をリアルタイムに動画で記録することはなかった。生活のさまざまなシーンが写真や動画でＳＮＳに投稿されはじめたのも、たかだか２０００年代後半以降だし、メッセンジャーによるテキストコミュニケーションが常態化して初めて、会話というものが完全な形でログを取れるようになった。個人間における遠距離コミュニケーション手段の主流が電話だった時代に、完全な会話ログを後から参照するなど、（いちドキュメンタリー制作者程度の立場では）不可能だった。

すなわち、世の中のあらゆる事象が「特定の目的がなくても常に記録されている」技術的状況が実現して初めて、このようなドキュメンタリーは制作されうる。

そもそも、かつて映像ドキュメンタリーは「撮ろうとしなければ撮れない」ものだった。たとえば1960年代から1970年代、ドキュメンタリーの撮影用カメラはテープ式のビデオカメラですらなく、フィルムカメラだった。昔のニュース映像の質感を思い起こしてほしい。基本は16ミリフィルム。1ロールは2、3分。つまり、「とりあえずカメラを回しっぱなしにしておいて、いいものが撮れたらその部分だけを使う」ことが、原理的にできなかったのだ。

いきおい、〝自然な〟映像が〝偶然に〟撮れるようなことは基本的にありえない。「はい、撮りますよ」と言って撮る。ゆえに、そこから2、3分の間に〝何か〟が起きるような事前の仕込みは必要不可欠。インタビュイーに何を話してもらうかの〝指示出し〟も徹底しなければ、フィルムが無駄になってしまう。ドキュメンタリーに占める作為や意図の比率は、今よりもずっと高かった。

しかし時代が下り、撮影メディアがビデオテープに変わると、シームレスに撮影できる時間が飛躍的に延び、その後のデジタル化でさらに延びた。カメラの回しっぱなしによって、〝自然な〟映像が〝偶然に〟撮れるようになった。

撮影機材も、昔は今と比べ物にならないくらい大きかった。肩に担がれた大きなカメラは、手のひらサイズのデジタルカメラへ。現在ではiPhoneでも高精細な4K映像が撮れる。大きなカメラに向けてしゃべるのと、手のひらサイズのiPhoneに向けてしゃべるのとでは、インタビュイーの緊張度も話される内容も大きく異なるだろう。見た目に大仰《おおぎょう》な撮影隊には〝構えて〟しまい、〝よそ行き〟を演じてしまうのが普通の人間というものだ。

つまり、60年前のドキュメンタリーと、30年前のドキュメンタリーと、10年前のドキュメンタリーと、現在のドキュメンタリーとでは、「取り上げる題材」が異なるのみならず、「撮れるもの」が根本的に違うのだ。さしずめ原稿用紙に万年筆で書いた小説と、ワープロやPCのキーボードで直接入力して書いた小説と、スマホのフリック入力で書いた小説は、文体やリズムや生理において、何がどう異なるのか？ という議論にも近い。

ドキュメンタリーの作品性は、フィクションのそれ以上に技術的制約（と解放）に依拠するものなのだ。

いずれにしろ、映像で撮られたものは、あらゆるものがドキュメンタリーの材料となりうるが、それは裏を返せば、「映像で撮られていないものはドキュメンタリーになりえない」ということに他ならない。つまりドキュメンタリーの題材になりうるのは、リュミエール兄弟が１８９５年に発明したとされる映画の原型・シネマトグラフによって「世界が映像によって記録されるようになった20世紀以降」の事象に限る、ということになる。

すなわち、ドキュメンタリーとは近現代史そのもの。20世紀は映像の世紀とも言われるが、言い換えるならばドキュメンタリーの世紀でもあったのだ。

『アメリカン・マーダー：一家殺害事件の実録』
2020年／アメリカ
監督：ジェニー・ポップルウェル

『さよならテレビ』
2018年／日本
劇場版：2019年／日本
監督：土方宏史

第2章

被写体への「関与」がもたらすもの

「題材勝ち」ドキュメンタリー

その題材が取り扱われているというだけで、あるいは視点が〝そこ〟に設定されているというだけで、多くの視聴者に「面白そうだ」と思わせるタイプの作品がある。

中国人監督が靖国《やすくに》神社に集う人々にカメラを向けた『靖国　YASUKUNI』（07）、アメリカ人監督が和歌山県太地町《たいじちよう》のイルカ追い込み漁を批判的に取り上げた『ザ・コーヴ』（09）、日系アメリカ人監督が慰安婦問題を鋭く検証する『主戦場』（19）などは、まさにそういうタイプの作品だ（これらは第4章で取り上げる）。いずれも取り上げられている題材を聞いただけで心がざわつく。

国内では東海テレビドキュメンタリーにその傾向が強い。体罰が原因とされる死亡事故を起こして懲役刑を食らった戸塚宏氏に密着する『平成ジレンマ』（10）、暴力団事務所にカメラが入るというだけで「何か」を期待してしまう『ヤクザと憲法』（15）は、題材それ自体にドキドキする。

テレビ東京《とうきよう》系で2017年から2020年にかけて不定期放送された『ハイパーハードボイルドグルメリポート』（演出：上出遼平《かみでりようへい》）は、世界各地の不衛生極まりない貧民窟《くつ》やギャングのコミュニティ、紛争地域などに上出が自ら赴《おもむ》き、そこで彼らが食べているものを実際に食するという内容。こちらもコンセプトだけで「面白そう」だと思えるほどに「題材勝ち」度が強い。

森達也《もりたつや》も、そんな「題材勝ち」ドキュメンタリーを撮り続けてきたひとりだ。代表作『A』（98）と『A2』（01）では、オウム真理教《しんりきょう》の関係者に密着した。1990年代には動物実験や放送禁止歌をテーマにしたTVドキュメンタリーも制作している。その森が、ゴーストライター騒動で世間から一斉にバッシングを受けた佐村河内守《さむらごうちまもる》に密着したのが『FAKE』（16）だ。人選からして「題材勝ち」臭が漂ってくる。

佐村河内についておさらいしておこう。彼は全聾《ぜんろう》、つまり完全に耳が聞こえない作曲家という触れこみで長らく名声を得てきたが、2014年、週刊誌の暴露記事を発端に、「自作として発表してきた曲が、実は作曲家・ピアニストの新垣隆《にいがきたかし》の手によるもので、本人は作曲していない」「実は全聾ではなく、中度の難聴である」ことが発覚。一気に名声を失い、世間から手厳しく断罪された。

結論から言えば、森が密着を始めた時点で、世間の佐村河内に対するジャッジは既に下っていた。「佐村河内は嘘つき。ペテン師である」という〝結論〟は既に出ていた。実際、佐村河内は発覚後すぐに謝罪した上で記者会見を開き、身体障害者手帳も返納している。ゆえに本作には、佐村河内へのジャッジが覆るような、あるいは罪が軽くなるような新事実は出てこない。

しかし、本作は悪魔的に面白い。監督の森が佐村河内からものすごいものを引っ張り出しているからだ。

カメラに収められた「嘘」

森は『ＦＡＫＥ』の冒頭で佐村河内に、「佐村河内さんの怒りではなく、悲しみを撮りたい」と言う。いかにも「哀れな罪人に対する優しき救済」じみた態度を表明して、寄り添う姿勢を見せるのだ。しかし本作を観終わった我々が包まれるのは、〝罪人〟に対する哀れみや赦《ゆる》しの感情ではない。「佐村河内、やっぱり嘘くさい」だ。

その仕掛け人は当然、森である。

本作は入り口の設計からして巧妙だ。観客が佐村河内に対して事前に抱いているイメージは、「嘘つきのペテン師」。したがって観客は「騙《だま》されまい」という警戒心いっぱいで本作を観はじめる。詐欺師に対峙《たいじ》する取調官のような心持ちで、彼の一挙一動、一言一句を、初めから疑ってかかる。普通のドキュメンタリーを観るのとは比べ物にならないほど高い解像度で映像を捉えようとする。観客は断罪済みの詐欺師が画面に映り続けているという異常事態を前に、集中力を1秒たりとも途切れさせない。つまり佐村河内にとっては非常に〝アウェイ〟の状態で本編が始まる。

結果、騒動のあらましを知っている観客ほど（＝詐欺師の前科をよく調べている取調官ほど）、劇中での彼の語り、あるいは〝騙《かた》り〟に、敏感に反応する。

たとえば、彼は長らく「日光を浴びると耳鳴りが酷くなるから」という理由でサングラスを常用しており、本作でも昼間から部屋のカーテンを閉めている。しかし作中での彼は、何度となく光が差すベランダに自分の意思でタバコを吸いに出る。森はそれを追いかけ、都度カメラに収める。ベランダで大した話など出ない。なのに森は撮り、本編に組み込む。

また、佐村河内は一貫して「新垣は完全なゴーストではなく、共同作曲者だ」と主張し、その証拠として、新垣に宛てた〝楽曲指示書〟なるものをカメラの前に出す。しかしそこに五線譜やメロディについての記載はない。手書きの文字でびっしり「曲のコンセプト、理論」や「曲の構成」が書き込まれているだけ。やや子供っぽい筆跡のせいもあり、なんだか「勉強のよくできる中学生が、頑張ってこしらえた自由研究」のようにも見える。これをもって共同作曲者だと主張するのは、かなり無理筋だ。

楽曲指示書が映し込まれることで、むしろ観客は「佐村河内の説明にはやや無理がある」という印象を抱く。しかし佐村河内は、楽曲指示書が切り札とばかりに、自分の正当性を熱弁する。その姿は健気《けなげ》でいじらしく、哀れで惨めったらしい。森が言った「悲しみを撮りたい」とは「惨めさを晒《さら》したい」の意味だったのか？

楽曲指示書の存在が作曲の証拠にならないことは、佐村河内を取材に来る米国人記者の鋭いツッコミでダメ押しされる。記者は佐村河内の耳が聞こえないことについては「信じている」と口にするが、作曲についてはかなり懐疑的だ。

記者は目の前で実際に弾いてみてくれと言うが、佐村河内はもう長く鍵盤を触っていないので弾けない、と苦しい説明。さらに家にシンセサイザーがない理由を聞かれて「部屋が狭いから」などと答える。幼稚な言い訳だ。このような目を覆うようなやり取りも森は冷徹に撮り、しっかり本編に採用する。

しかもその「部屋が狭いから」は、森によって嘘であることがバレてしまう。終盤、森は長らく作曲をしていないという佐村河内に「作曲しませんか？」と提案。焚《た》き付けられた佐村河内はシンセサイザーを購入してマンション内の一室に置き、作曲を始める。

そう、シンセサイザーはちゃんと置けている。部屋は狭くない。

森は手持ちカメラで部屋に入り、部屋の広さがわかるように部屋中を歩き回って撮る。シンセサイザー、佐村河内、佐村河内の妻、そして森自身が同時に部屋にいられるほど、その部屋には十分な広さがある。その際、森は自分の足をフレーム内に入れ込んで撮っているが、観客は「撮影者である森も入室可能なほどの広さがある事実」を意識せざるをえない。

作中、森は佐村河内サイドにつく人間にも語らせることで、公平性を担保する手付きは一応見せる。佐村河内と親しい全盲の少女が佐村河内を擁護したり、被爆者である佐村河内の両親や妻が佐村河内に対する愛情と信頼を語ったりするくだりがそれだ。また、マスコミが佐村河内をネタにして数字や部数を稼ごうという不誠実さに、佐村河内が心を痛めるシーンもある。

ただ、そのようなシーンは佐村河内の〝罪〟を軽くすることに、一切と言っていいほど寄与しない。佐村河内の中に「まごころ」や「善性」といった人間味が存在するのは確かであろうし、その気配は当該シーンに現れているが、それをもって「実は全聾ではなかった事実」「ゴーストライターに依頼していた事実」は微塵《みじん》も覆らないからだ。

画面に映り込む胡散臭さ

森はこのように、佐村河内の〝嘘〟をカメラの前で――佐村河内に気づかれない形で――再演させたが、同時に佐村河内の人間性も残酷に露呈させた。

その人間性とは「胡散臭《うさん》さ」だ。

画面に映る佐村河内の表情や発言には、ことごとく「僕はどこまでも清廉潔白であり、社会から酷い攻撃を受けている、かわいそうな存在なんだ」という被害者根性が滲《にじ》む。すべてが言い訳じみている。当然ながら観客の同情心は遠ざかる。

その上で彼は、自分に音楽的才能があるという信念を絶対に譲らない。「音が聴こえなくてもトルコ行進曲はリズムでわかる」「僕ほど音楽をプロデュースできる人間はいないと言ってくれる人がいた」などと一生懸命説明しているくだりは、よく言えばピュアで眩《まぶ》しい。悪く言えば〝痛い〟。要するに、鼻につくのだ。否、そう見えるような素材が選ばれて作品が構成されている、と言ったほうが正確だろう。

さらに、その胡散臭さと同時に立ち昇ってくるのが、佐村河内の「ニセモノ感」だ。

端的に表れているのが、佐村河内夫妻の住むマンション。一言で言えば、芸術的感性にすぐれた人間が住むような場所にはとても見えない。そこそこ小綺麗《こぎれい》ではあるが無個性に過ぎる。「生活を彩る」とか「飾り付ける」とか「何かにこだわる」といった要素が、微塵も感じられない。芸術に身を投じる人間の住まいというものには――裕福だろうが貧乏だろうが――何かしらの美や風情や哲学が組み込まれているものだが、いずれも発見できない。ペラッペラなのだ。

壁にかけられたジャケット、妻手製のハンバーグ、食卓で豆乳パックをがぶ飲み、ベランダでのタバコ、あまりにも凡庸なファッション。すべてが〝しょっぱい〟。「清貧の」とか「ミニマムな」とか「慎《つつ》ましやかな」といったポジティブな形容詞は浮かばない。ただもう、しょっぱい。これが、騒動発覚前まではカリスマ的にふるまっていた〝芸術家〟の住み処《か》だとするなら、なんらかの虚偽があっても致し方ない――と思わせるほどのしょっぱさ。

それは単なる印象論だろうと言われるかもしれないが、画《え》は言葉よりも雄弁に語る。森は言葉で「胡散臭い、ニセモノ臭い」と直接的に語ることはせず、しかしもっと残酷な方法で佐村河内に引導を渡した。しかも「渡したのは僕じゃない。そういう印象を抱いた観客の皆さんです」という鉄のエクスキューズを用意して。

森は佐村河内とコンゲームを楽しんでいるようにも見える。佐村河内がそのゲームに参加せざるをえないような仕組みを周到に準備したのは、もちろん森。しかもそのゲームは一見フェアに見えるが、ゲームのルールを100％森が作っている以上、佐村河内にとっては圧倒的に不利だ。結果、観客は自らの嗜虐心《しぎゃくしん》を刺激され、さらなる愉悦に浸る。

森の、否、ドキュメンタリストの意図というものの恐ろしさ。本作の悪魔的な面白さは、こういった点にある。

被写体に「関与」するのはアリか、ナシか

悪魔的な面白さと同居する形で、本作は現代のドキュメンタリーが避けて通れない2つの重要な論点を孕《はら》んでいる。

ひとつは、ドキュメンタリー監督は被写体（撮影対象）にどこまで「関与」してよいのかという問題だ。

監督が被写体とどの程度深く関係性を結ぶべき（親しくなるべき）か、あるいは直接的な働きかけによって「関与」すべきかについては、ドキュメンタリストの間でも見解が分かれる。自覚的に関係を結ぼう、関与しようという者もいれば、あえて距離を取ることでなるべく状況に参加せず、観察者や傍観者に徹しようという者もいる。[*1] 森は圧倒的に前者だ。

森は「佐村河内さんの怒りではなく、悲しみを撮りたい」と佐村河内に直接告げた。こう宣言するか、しないかで、佐村河内のその後の行動は必ず変わってくる。人間というものは、どこかで「相手との関係が友好的なら、なるべく相手の期待に応えたい」と考える傾向があるので、佐村河

内も――意識的にせよ、無意識的にせよ――自分がいかに悲しみにくれているかをカメラの前で「出そう」としたはずだ。結果、気持ちいいくらい森の術中にはまった。そうして引っ張り出された「悲しみ」は、森によって巧みに「惨めさ」へと変換された。

森は「積極的に仕掛ける」ドキュメンタリストだ。丁寧に関係性を構築し、強い言葉で相手を揺さぶり、そうして出てきたものを冷徹に撮る、獲《と》る。

「作曲しませんか?」はかなり直接的な「関与」だ。その言葉がなければ佐村河内は作曲をしなかったし、一連のシーンが「衝撃のラスト12分間。」として映画の売り文句になることもなかった。森が「仕掛けた」ことで、『FAKE』という映画のクライマックスが成立したと言ってもいい。

森は他にも「僕は全部信じてたフリをしてたかもしれない」「僕に今隠したり嘘をついてることはないですか?」などと佐村河内に言い、揺さぶる。そうして出てきた佐村河内の反応を、観客はまるで動物実験の見学会のような不謹慎さをもって、興味本位で観察する。

実際、ドキュメンタリー撮影のテクニックとして、相手を挑発することで言葉を引き出すやり方は、あるにはある。インタビュアーが悪役になって、相手をわざと苛立《いらだ》たせるのだ。しかし森の「関与」はもっと深く、もっと業が深い。言ってみれば被写体の運命すら決定する。

シュレーディンガーの猫

「被写体の運命すら決定する」は決してオーバーな物言いではない。

ドキュメンタリー監督の被写体への「関与」は、オーストリアの物理学者エルヴィン・シュレーディンガーの思考実験として知られる「シュレーディンガーの猫」を想起させる。ごく簡単に説明すると、「箱の中に入っている猫が生きているか死んでいるかは、観察者が箱を開けた時に決定される」というもの。箱を開けないことには猫を見ることはできないが、開けるという「関与」によって猫の状態（生死）が決定される。すなわち不関与の状態で自然状態の猫を観察することはできない。

これを『FAKE』に置き換えるなら、佐村河内がどのような人間かを知るために撮影を始めた途端、つまり森による「関与」が行われた途端、佐村河内は自然状態の（＝ドキュメンタリー撮影が入る前の）佐村河内ではなくなってしまう。したがって、カメラが自然状態の佐村河内を記録することは、原理的に不可能だ。つまり「自然状態の猫を観察することはできない」。

森ほど激しく被写体に関与しなくとも、ドキュメンタリー撮影においてこういったことはまま起こる。想像してほしい。あなたの部屋に撮影用カメラが設置してある状態での〝普段の生活〟と、カメラがない状態での〝普段の生活〟は、絶対に同じではないはずだ。

カメラが被写体の撮影を始めた瞬間に、被写体は撮影される前の状態には戻れなくなる。大袈裟《おおげさ》に言えば、ドキュメンタリストがカメラを回すことで、被写体はカメラが回っていなかった人生とは別の人生を歩む。それが「被写体の運命すら決定する」の意味だ。誠実なドキュメンタリストは、この罪深さに自覚的である。

結論を言わないズルさと巧妙

もうひとつの論点は、「〝正義〟や〝正解〟や〝結論〟を断定しない」というドキュメンタリーのアイデンティティとも言える手付きについて。

p. 6で「ドキュメンタリーは作り手の意図と主観まみれ」と述べた。ただそれは、「〝正義〟や〝正解〟や〝結論〟はこれこれこういうものである」と声高《こわだか》に叫ぶこととイコールではない。ドキュメンタリーにとって大事なのは、〝正義〟や〝正解〟や〝結論〟を断定して視聴者を組み伏せることではなく、目の覚める〝視点〟を提示することだからだ。

よくできたドキュメンタリーは、監督が〝正義〟や〝正解〟や〝結論〟を安易に断定しない。個人的に導きたい結論があったとしても、それを口に出して言ってしまうのは野暮天の極み。喩《たと》えるなら友達同士の海外旅行だ。出発前の空港で、そのうちのひとりがこんなことを言う。「俺はこれから行く国には何度も行っていて、すべての道も宿も観光地も完全に把握しているから、ガイドは俺に一任して100%指示に従ってくれ」。実につまらない旅行になりそうだ。

ドキュメンタリーも旅行も、結末を知らない状態で体験に身を投じる、そのダイナミックなプロセスが楽しいのであるからして。

だから、森も佐村河内を確定的に断罪しない。その発言の真偽をはっきり検証したり、断定したりはしない。佐村河内の耳が本当はどの程度聞こえるのか、どの程度作曲能力があるのか（作中、佐村河内はシンセサイザーで作曲したことになっているが、森の与《あずか》り知らぬところで新垣隆のような別の作曲者にメロディを発注した可能性もある）。その真偽は、森はもちろん、究極的には本人以外、誰にもわからない。だから森も、それについて結論を出そうとはしない。

その代わりに、佐村河内の嘘っぽさ、胡散臭さ、ニセモノ感、しょっぱさを、これでもかとばかりに記録して本編に組み込み、99%の道筋を作ったところで、最後の判定〝だけ〟を観客に委ねる。それを「ズルい」と取るか、「巧妙」と評するか、「それがドキュメンタリーなのだ」と開き直るかは、それこそ観客が判定することだ。

森のドキュメンタリストとしての名を一気に揚げた代表作『A』『A2』も、構造的には『FAKE』と同じ。

一般的には「狂信的テロ集団」であるとして世間のジャッジが（佐村河内以上に）完全に下っているオウム真理教の幹部すなわち〝中の人〟に森は密着し、親密な関係を結ぶ。森自身の意見も積極的に彼らに伝える。つまり「関与」し、「仕掛ける」。その反応としての彼らの言い分を、カメラの前で吐露させる。ただ、その言い分の多くは一般常識からすれば嘘っぽく、胡散臭く、ニセモノ感にあふれている。そして悲しいほどにピュアだ。

当然、森は結論を出さない。作中ではっきりとした善悪判断はしない。その代わりに、信者が世間や社会から辛《つら》く当たられていたり、公安から横暴な仕打ちを受けたりといった状況を挿《さ》し込み、同情要素をちりばめる。かつ質素な食生活や粗末な備品などを細々《こまごま》と記録することで、彼らがいかに社会的に〝しょっぱい〟存在であるかを浮き彫りにする。

そうして99％の道筋を作ったところで、最後の判定は観客に委ねる。ズルくて巧妙。でも、だからこそ『A』も『A2』も悪魔的に面白い、森の代表作となった。

デリケートなテーマに「仕掛ける」

森が1990年代に制作したTVドキュメンタリー（4本が2021年にDVD化された）にも、『A』『A2』『FAKE』と通じるものが多々ある。

『ミゼットプロレス伝説～小さな巨人たち～』（92）は、昭和の時代に時折TVで見かけた、いわゆる小人《こびと》プロレスの興行団体に密着したもの。小人が「かわいそう」であるという、一見して〝良識的な〟感覚が小人レスラーたちの仕事を奪う——という皮肉な状況を追う。一方で、「プロレスは真剣勝負ではなく、緻密な段取りが対戦者同士で〝練習〟されているショウである」、つまり

〝ＦＡＫＥ〟であることをしれっと言い切ってしまっている点は、実にお茶目だ。

『職業欄はエスパー』（98）は、かつてスプーン曲げで日本を騒がせた清田益章《きよたますあき》ほか〝自称エスパー〟たちの生活を追う。森自身がエスパーに寄り添うフリをして超能力を信じておらず、むしろ彼らの〝しょっぱい〟生活や胡散臭い言葉を捉えることで視聴者に判定を預ける点など、『ＦＡＫＥ』にも通じる作りだ。

「結論を出さない」というい意味でのズルさ全開なのが、動物実験の実態を追った『１９９９年のよだかの星』（99）。「実験される動物がかわいそう」というヒューマニズムに訴えかけると思いきや、中盤で筋ジストロフィー患者とその家族にインタビューを敢行。「動物実験によって医療技術を発達させなければ、彼らは生き長らえられない」という死球ギリギリの問いかけをぶち込み、視聴者に判断を全任する。

『「放送禁止歌」～唄っているのは誰？規制するのは誰？～』（99）は、『Ａ』『Ａ２』『ＦＡＫＥ』すべてに挿し込まれている森の十八番「マスメディア批判」全開の痛快作。誰も規制などしていないのに、忖度《そんたく》と配慮と「クレームに対応するのが嫌」だからと特定の曲を流さないＴＶ局のヘタレぶりを、とことん糾弾する。

なお『ミゼットプロレス伝説』は、小人レスラー同士のタッグマッチの開催が番組の山場になっているが、ＤＶＤ特典のブックレットには、タッグマッチを〝提案〟したのは森であると森自身が明かしている。また、『職業欄はエスパー』では、基本的にはすべてのシーンを森が「仕掛けた」

そうだ。

被写体への「関与」は30年前から森のお家芸なのだ。

ドキュメンタリーは虚実皮膜

もし、被写体に「関与」することで初めて生成される状況こそがドキュメンタリーの本体ならば、ドキュメンタリーは大きな意味での「やらせ」ではないか？　という問いは、暴論のようで意外と的を射《い》ている。相手をけしかける、挑発することで引きずり出された言葉や行動、巧みな心理的誘導。「面白い作品」に結実させるために行う、ありとあらゆる仕掛け、レールの敷設、装置の構築。そういう「たくらみ」が「やらせ」の一種ではないと、どうして言い切れるだろう？（「やらせ」については第8章で改めて言及する）

これはドキュメンタリーの本質を考える際の、かなり重要な論点だ。

多くの映画監督は「ドキュメンタリーとフィクションの境目は曖昧だ」と発言する。

当の森は自著で「『撮る』という作為は、事実に干渉し変成（フィクション化）させる。言い換えれば、現実をフィクショナライズする作業がドキュメンタリーなのだ」[*2]と言い切る。

『トウキョウソナタ』（08）、『岸辺の旅』（15）などの監督作で世界的にも評価の高い黒沢清《くろさわきよし》は、自作のメイキングドキュメンタリー内で「どう考えてもドキュメンタリーとフィクションの境目はないです。ドキュメンタリーといっても、ある程度やらせはあるし、フィクションとはいっても、偶然起こることはたくさんありますから」[3]と発言している。

三里塚《さんりづか》闘争を記録した作品で知られ、1960年代から1970年代にかけて日本のドキュメンタリーを牽引し、山形国際ドキュメンタリー映画祭の創設にも参加した小川紳介《おがわしんすけ》は、自著で「明らかに記録映画は『劇』なんですよ。絶対に事実じゃない。（略）まさに近松門左衛門《ちかまつもんざえもん》のいう虚実皮《きょじつひ》膜《まく》ですよね」[4]と喩えた。虚実皮膜とは、事実と虚構との微妙な境界に芸術の真実があるとする考え方のことだ。

『靖国　YASUKUNI』の監督・李纓《リイン》は、「ドキュメンタリーは、ありのままに撮るのではなく、被写体の感情の揺れ動きを的確に摑《つか》むためには、仕掛けてでもそれをありありと撮ることだ。フィクションを撮るように」と語った。[5]

『あんにょんキムチ』（99）ほか、『童貞。をプロデュース』（07）、『フラッシュバックメモリーズ3D』（12）などで知られる松江哲明《まつえてつあき》は、日本映画学校（現日本映画大学）に在学中、アダルトビデオの監督がカメラを手にして女優とのセックスや別れを記録する作品を目にして「現実をそのまま撮るのではなく、キャメラが入ることによって起こるアクションを記録するドキュメンタリーがあることを知った。（略）目の前にある状況をじっと見つめ、揺らし、記録することで生まれる物語を僕は欲した」と寄稿している。[6]

『ドライブ・マイ・カー』（21）で全米映画批評家協会賞やカンヌ国際映画祭など海外の映画賞を

相次いで受賞した濱口竜介《はまぐちりゅうすけ》は、「あらゆる映画はフィクションであり、ある程度ドキュメンタリーでもある。どちらも作った経験からすると、純然たるフィクションも純然たるドキュメンタリーも存在しない」[*7]と語った。

ただ、彼らが自覚的に行っている「フィクショナライズ」は、決して撮る側すなわち監督の単独犯ではなく、被写体すなわち撮られる側との共犯だというのが森の主張だ。『FAKE』の佐村河内を思い浮かべながら改めて森の言葉を追うと、やたら納得させられる。

「撮られる側は演じる。つまり嘘をつく。自覚的な嘘の場合もあれば、無自覚な場合もある。撮る側は時にはこの嘘を利用し、時には別の回路に誘いこむ。こうして撮る側の作為と撮られる側の嘘が縦糸と横糸になって、ドキュメンタリーは紡がれる」[*8]

つまり『FAKE』という作品は、「嘘か真実か／本物か偽物か」を公開裁判にかけられている佐村河内が身をもって体現する「虚と実」というテーマを、虚実皮膜の属性を持つドキュメンタリーという形式で扱うという、非常にメタな構造を持っている。

〝FAKE〟とは「偽物」「いかさま」という意味だが、それが被写体たる佐村河内を指すのか、『FAKE』という作品の悪魔的な「たくらみ」を自虐的に形容したユーモアなのか、ドキュメンタリーという表現物が逃れられない宿命への自己言及なのか、あるいはそれら全部が重層的に意味をなしているのか。

それもまた、結論が断定されることなく、観客に判定が委ねられている。

『FAKE』	2016年／日本	監督・撮影：森達也
『A』	1998年／日本	監督・撮影：森達也
『A2』	2001年／日本	監督・撮影：森達也
『ミゼットプロレス伝説～小さな巨人たち～』	1992年／日本	演出：野中真理子 プロデューサー：木村可南子、森達也
『職業欄はエスパー』	1998年／日本	演出・撮影・ナレーター：森達也
『1999年のよだかの星』	1999年／日本	演出・撮影：森達也
『「放送禁止歌」～唄っているのは誰？規制するのは誰？～』	1999年／日本	演出・撮影・ナレーター：森達也

＊1　非関与型の代表格が、自作を「観察映画」と称する想田和弘《そうだかずひろ》（『選挙』（07）『精神』（08））である。また、非関与のスタンスを作中で積極的に開示したケースとしては、東海テレビドキュメンタリー『ホームレス理事長～退学球児再生計画～』（13）が挙げられる。同作では、高校を中退した元球児たちを集めた「ルーキーズ」という野球チームを運営するNPO法人の山田豪《やまだたけし》理事長が金策に困った挙げ句、カメラが回っている前で監督の圡方宏史に金を貸してほしいと土下座するが、圡方は断る。圡方曰く「我々が関与することでルーキーズの山田さんなりの環境ってのを変えるわけにいかんもんですから。それがドキュメンタリーの……基本的なルールですから、そこの一線はちょっとどうしても譲れない」

＊2　『ドキュメンタリーは嘘をつく』（森達也 著／草思社、2005年）
＊3　『曖昧な未来、黒沢清』（監督：藤井謙二郎／2003年）
＊4　『映画を穫る―ドキュメンタリーの至福を求めて』（小川紳介 著、山根貞男 編／筑摩書房、1993年）
＊5　『シリーズ日本のドキュメンタリー1　ドキュメンタリーの魅力』（佐藤忠男 編著／岩波書店、2009年）
＊6　『シリーズ日本のドキュメンタリー4　産業・科学編』（佐藤忠男 編著／岩波書店、2010年）
＊7　「ドキュメンタリー映画新時代（1）ドキュメンタリーかつフィクション　濱口竜介のたくらみ」（日本経済新聞、2021年10月10日配信）
＊8　『ドキュメンタリーは嘘をつく』（森達也 著／草思社、2005年）

第3章

近親者でなければ撮れない映像

――セルフドキュメンタリー

他人の家の家族アルバムは退屈か

「セルフドキュメンタリー」というジャンルがある。監督が自分もしくは自分の家族・近親者・親しい知人などを被写体とするドキュメンタリーだ。その多くは監督自身がカメラを回している。原一男《はらかずお》（『ゆきゆきて、神軍』（87）、『全身小説家』（94））の名を一躍世に知らしめたのは、自分の元同棲《どうせい》相手を追った『極私的エロス　恋歌1974』（74）というセルフドキュメンタリーだった。『萌《もえ》の朱雀《すざく》』（97）がカンヌ国際映画祭でカメラ・ドールを、『殯《もがり》の森』（07）が同映画祭でグランプリを受賞して国際的に名を馳《は》せることになった河瀬直美《かわせなおみ》の出世作も、生き別れた自らの父親を追った『につつまれて』（92）や、自分と「実の祖母ではないおばあちゃん（養母）」との日常を綴《つづ》った『かたつもり』（94）といったセルフドキュメンタリーである。

ただ、特にドキュメンタリー好きでも映画マニアでもない人はこう思うかもしれない。「素性をよく知らない監督の家族やら友人やらを追いかけた映画の、いったい何が面白いのか？」

被写体が著名人なら、まだ理解できる。映っているのが芸能人や有名インフルエンサーであれば、YouTubeの「モーニングルーティン」よろしく、彼らがただ起床し、朝食をとり、身支度をしているだけで、その映像には一定の価値が生じるからだ。

しかし単なる一般人に、いったい何の興味を見出せというのか？　いわば、他人の家の家族アルバムを眺めるようなもの。退屈極まりないのではないか？

そんな疑念を抱く人にほど薦めたいのが、公開当時33歳だった砂田麻美《すなだまみ》の監督デビュー作『エンディングノート』（11）である。

見てはいけないものを見ている気がする

同作は、2009年5月にステージ4の胃がんが見つかり、同年12月に亡くなった砂田の父・知昭《ともあき》を、砂田が半年にわたって撮影したものだ。「エンディングノート」とは、遺書ほどの法的効力は持たない家族への覚え書きのこと。知昭はがん告知を受けても取り乱すことなく、几帳面《きちようめん》に、かつ黙々と終活を進め、最後に「エンディングノート」の内容が明かされる。

一言で言えば、本作にはものすごいものが映っている。特に後半は、ものすごいものしか映っていない。たとえば、以下。

・医師、砂田、砂田の母の3人で、知昭の命がもう長くはない事実を本人に「伏せる」ことを決定する瞬間
・幼い孫たちにか細い声で最後のお別れを告げる知昭の姿と、泣き濡《ぬ》れる砂田家の面々
・知昭と砂田の母が夫婦ふたりきり（カメラは固定設置）で愛と感謝の言葉を述べ合う病室内

・弱りきった知昭の前で砂田の兄が砂田の姉に苛立つ場面

いずれも、被写体が監督の血縁者でなければ絶対に撮れない映像である。カメラ（＝砂田）は家族しか入ることを許されない空間に堂々と入ることができ、家族たちは砂田の前でしか見せない行動をとり、砂田の前でしか発さない言葉を発するからだ。[*1]

家族写真で言うなら、風呂上がりの半裸姿や化粧を落とした後のすっぴん顔が写っているようなもの。いや、それでは足りない。夜の営みや脱糞《だっぷん》中の様子が写っているほどの明《あ》け透《す》けさで、砂田家のデリケートゾーンが白日の下《もと》に晒されている。

そのあまりに生々しく、あまりにドラマチックなシーンの波状攻撃に、観客は画面から目を離せない。そうして知昭は最期の日を迎え、穏やかで美しいエンディングが訪れる。

満足度という意味では申し分ない。ただ、筆者は初見の鑑賞中にこんなことも思ってしまった。

「果たして、カメラを回してもよい題材だったのだろうか？」

「見てはいけないものを見ている気がする……」

無論、被写体やその家族が撮影に同意しているのだから、プライバシーの侵害には当たらない。なのに、何かが引っかかる。ある種の罪悪感とでも呼ぶべきか。しかも奇妙なことに、この罪悪感のようなものと鑑賞満足度は、互いに邪魔しあうことなく共存している。互いが互いを打ち消しあっていない。まるで、頑張ったものが禁断の果実であるにもかかわらず、そのあまりの美味に思わず舌鼓《したつづみ》を打ってしまうかのごとし。
なぜそんなふうに感じたのか。
本作が「死」を直接的に撮影しているからだ。

「死」を見たいという抗しがたい欲望

多くの文化圏では「死」や「死にまつわること」を忌み嫌うべきもの、あるいは穢《けが》れた事象として日常とは切り離して取り扱う。小さな子供に「死体」や「死を扱ったフィクション」を見せたがらない・読ませたがらない親が多い理由のひとつにも、それがあるだろう。

言うまでもないが、「人が死ぬ瞬間」あるいは「死体」が公共の映像メディアで報じられる際には細心の注意が払われる。というより、極力「映さない」という選択がなされる。その根底には、日常生活に「死」を紛《まぎ》れ込ませたくないと願う視聴者に対する配慮と、死者の尊厳に対する目配りがある。結果、現代人は「死」があまり視界に入らない状態で日々を過ごすことになった。

しかし、そうやって遠ざけられたからこそ、現代人にとって「死」は非常に強い興味を引くモチーフともなった。

人間はえてして、禁止されていること・隠されているもの・社会的に推奨されないことを見たがり、したがる生き物だ。ポルノグラフィ、快楽目的の性行為、ジャンクフードの大量摂取。禁忌であるだけに抗しがたい魅力を放っているという点だけで言うならば、「死」もそれらとある程度同列に並べられる。日常からは切り離したいが、非日常的な体験として時折は求めたい——。

スティーヴン・キング原作の映画『スタンド・バイ・ミー』(86)は、12歳の少年4人が2日間の旅に出る青春物語だが、旅の目的は「死体」だった。彼らは行方不明になっている少年が森の奥で列車に轢《ひ》かれ野ざらしになっているという情報を聞きつけ、子供たちだけで発見しようと目論《もくろ》む。

ここで少年たちが目指すのが、何か金銭的価値のある宝物の類いではないことに注目したい。彼らにとって死体は非日常の極みであり、当然ながら禁忌の象徴であり、不気味で「怖い」存在である。しかし4人のうちのひとりが「死体を見たくないか？」と言うと、残りの3人は一斉に食いつく。

死体を見つければ新聞に出て有名になれる、英雄になれると作中では説明されるが、主人公はモノローグで「死体を見るという思いに取りつかれていた」「なぜ死体を見たいのかよくわからなかった」と回想する。彼らは、功名心よりなにより、とにかく「死体というものを見てみたかった」のだ。ちなみに原作小説のタイトルはズバリ『The Body（死体）』である。

非日常かつ禁忌の代表選手でもある死（体）を、怖いけれども間近で見たいという抗しがたい欲求は、少なくともここ数十年間の現代人にとっては普遍的なものらしい。

『エンディングノート』はその欲求に、見事に応えた。本作は、知昭が目に見えて衰えゆき、死に近づいていく状況を克明に映し出す。本作は家族愛にあふれたヒューマンドキュメンタリーである以上に、人の死を、人が朽ちていく過程を、ほとんどゼロ距離で捉え続けた「死」の実況中継でもある。ゼロ距離まで近づくことができたのは、ひとえに砂田が被写体の娘だったから、つまりセルフドキュメンタリーだったからに他ならない。

それゆえ観客は、家族愛がもたらす感動に包まれる以上に、抗しがたく魅力的な「死」がもたらす好奇心を刺激される。他人の家の家族アルバムにもかかわらず、最後までじっくり見てみようという気にさせられる。好奇心という名のブースターのおかげで。

なお、『エンディングノート』と同年に公開された平野勝之《ひらのかつゆき》のセルフドキュメンタリー『監督失格』(11)にも「死」が直接的に映り込んでいる。平野の元恋人でAV女優の林由美香《はやしゆみか》が自宅で亡くなっているのを平野と林の母が発見する瞬間を、偶然にもカメラが収めてしまったのだ。遺体そのものは映らないが、取り乱す林の母や警察に連絡する平野の様子が、廊下に置きっぱなしになったカメラに記録されており、言いようのない衝撃を観客にもたらす。

言うまでもなく、このシーンは平野と林が非常に親しい関係でなければ、つまりセルフドキュメンタリーでなければ撮れなかった。

セルフドキュメンタリーは「自分」にしか興味がない?

セルフドキュメンタリーが、特定個人の「死」や「家族や親しい知人にしか言わないこと」といった普通では撮れないものを撮ることができるのは、カメラを回す者（多くは監督自身）が被写体から一定以上の信頼を得ているからだ。

他方、一般的なドキュメンタリーが特定の人物に密着する場合、その人物の胸の内をカメラの前で吐露してもらうには、膨大な時間と労力を費やして親密な関係性を築く必要がある。

しかし被写体が家族や親しい友人であるセルフドキュメンタリーの場合、親密な関係性は既にできている。１００メートル走で言えば50メートル地点からスタートするようなものだ。自分自身が被写体ならば、必要なのは自分をさらけ出す覚悟と勇気だけ。80メートル地点のスタートだ。ある意味で〝手軽〟に撮影を始められる。

特に１９９０年代後半以降は、小型ビデオカメラの価格がこなれて個人でも手に入れやすくなったことも追い風となり、プロを目指す監督の卵や若きインディーズ監督たちによって、多くのセルフドキュメンタリーが作られるようになった。

しかし、そんなセルフドキュメンタリーブームは、かつて批判に晒された歴史がある。『阿賀《あが》に生きる』（92）などで知られるドキュメンタリー監督の佐藤《さとう》真《まこと》は２００２年、ドキュメンタリー専門メールマガジン「ｎｅｏ」への寄稿で批判の口火を切った。佐藤は１９９０年代に作られたドキュメンタリーの特徴として、「政治や社会のことよりも個人の私生活にしかドキュメンタリーのテーマを見出しにくくなった〈自分探し〉という共通の傾向がある」として、こう指摘した。

「確かに、こうした〈自分探し〉の映画は、ステレオタイプ化した若者像や在日朝鮮人像を解体する小気味よさはある。だが一方で、結局は個人の雑感に閉じてしまう弱さをも併せもっている」[*2]

家族を題材にしたセルフドキュメンタリーの場合、血縁者である被写体を深掘りする行動それ自体が監督自身のルーツ探し、アイデンティティ探しに直結する手付きはよくみられる。たとえば、佐藤が名指しで批判した松江哲明の『あんにょんキムチ』（99）は、在日コリアン3世の松江が祖父母の生まれ故郷・韓国に赴き自らのルーツに触れる内容。先述の『監督失格』の場合はもっと直接的に、平野が林との関係性の変遷を通じて終始〝自分〟と向き合い続ける内容だった。

一方、佐藤の『阿賀に生きる』は、新潟の阿賀野川《あがのがわ》流域に住む3組の老夫婦を追いかけながら、新潟水俣《みなまた》病という非常に社会性の高いテーマを扱った作品だ。それと比較すれば、〈自分探し〉という題材はいかにもサイズが小さくテーマの射程が短い、と言えるのかもしれない。

しかも佐藤は、『阿賀に生きる』を撮影するため、スタッフとともに阿賀野川流域に3年にわたって住み込んだ。身近で撮影しやすい人間を被写体とするセルフドキュメンタリー（一連の寄稿では「私的ドキュメンタリー」などと呼称される）が増えつつあった時期に、佐藤がモヤモヤを感じたのは無理もない。

評論家の上野《うえの》昂志《こうし》は、この問題提起を受ける形で、さらに手厳しく批判した。

「『自分探し』という言葉には、言葉そのものにおいても、どうしようもないナルシシズムを感じてしまうが、まさにそういう作品ばかりが、若い世代を中心に作られているというのはどうしたことか。かりに『自分』を対象とするにしても、自分という他者を発見しなくて何が面白いのか、わたしにはわからない」[*3]

これら一連の批判および反論は「セルフドキュメンタリー論争」と呼ばれた。

実の父親を〝素材〟としか見ていない

しかし佐藤の批判から9年後に発表された『エンディングノート』は、この種の批判を鮮やかにかわしている。なぜなら、砂田は同作で「自分探し」をしようとはしていないからだ。

『エンディングノート』は砂田自身がナレーションを担当しているが、一貫して知昭がしゃべっている態《てい》で行われる。「私の名前は砂田知昭。享年69歳になります」と自己紹介し、撮影者である砂田のことも「30を過ぎて嫁に行く気配がございません」「なにが楽しいのかカメラを回している」などと、徹頭徹尾、知昭目線である。つまり、砂田が砂田自身として発する所感は一切挟まれていない。

ナレーションレベルに留《とど》まらず、砂田は本作で〝自分〟というものを出さない。画面内の知昭はカメラを回している砂田と時折会話するが、砂田自身のパーソナリティ描写や葛藤、感情の吐露は徹底的に封印されている。この点、〝自分〟を遠慮なく作品内に出しまくる平野とは大きく異なる。

すなわち砂田は、少なくとも映画本編では実の父親を〝素材〟としか見ていない。ある種のセルフドキュメンタリーの定石である、「被写体と自分との関係性を見せ込む」常套《じょうとう》をあえて放棄し、被写体に一番近いはずの自分の視点を綺麗に省略したのだ。

それゆえ観客は、佐藤が言うところの「個人の雑感に閉じてしまう弱さ」や、上野が言うところの「どうしようもないナルシシズム」に辟易しなくてよい。

「私」によって「死」を想わせる

佐藤はまた、ある種のセルフドキュメンタリーを「素材主義的」であるという点においても批判した。ただカメラを向けるだけで面白いものが撮れてしまう被写体の「素の面白さ」に頼りすぎるのはいかがなものか、というのがその主旨だ。佐藤は村石雅也《むらいしまさや》が企画・出演する『ファザーレス父なき時代』(97)について、以下のように所感を述べた。

「この作品は切れば血がにじむような村石自身の不安定な精神状態がそのまま画面に現われているのが身上であるが、その素材の力を咀嚼《そしゃく》しきる主体を確立出来ぬまま、その素材の力だけで映画がひとり歩きを始めてしまった様な作品なのだと思う[*4]」

料理に喩えると、わかりやすい。ものすごく上質な野菜は、洗って生のまま皿に載せるだけで、レストランのメニューとして金を取れる。客も舌鼓を打ってくれる。何の問題もないように見える。しかし、料理という創作行為の真髄を十全に発揮したと言えるだろうか？　料理人が素材の良さにあぐらをかき、怠慢を決め込んでいるだけなのではないか？

極端な話、奇人・変人をつかまえてその日常をカメラで追えば、それなりに見られるものが一丁上がりとなってしまう。

しかし『エンディングノート』は、このような批判にも抵触しない。なぜなら、知昭はまったくと言っていいほど素材としては「普通」だからだ。本編内で語られるように、高度経済成長期を支えた生真面目《きまじめ》な日本人、典型的なサラリーマンである彼は、時折チャーミングなやり取りを見せるものの、至って普通の善良な一市民でしかない。

知昭は〝特殊な行動原理を持った特殊な人〟ではない。ありふれた没個性な日本人だ。少なくとも、1ショット目から「この人、面白そう」と思われるようなタマではない。すなわち本作は、キャラに頼った素材主義には陥っていないのだ。

このことは、家族写真の顔部分が、没個性ゆえ他の誰にでも置き換え可能な状態であることをも意味する。つまり観客は、画面に映る知昭を自分の近親者へと容易に置き換え、「他人《ひと》ごと」であるはずの他人の家の家族アルバムを、「我がごと」に作り変えることができるのだ。画面内に映る知昭を自分の親に置き換えて胸が張り裂けそうな気持ちになった観客がどれほどいたか、計り知れない。もし知昭が非常に個性的でキャラの立った人間だったら、観客は彼の終活を単なる特殊ケースと捉え、我がごとにはできなかっただろう。

砂田が父・知昭という人間の唯一無二性、いかに素材として特徴的であるかを描きたかったわけではないことは、映画公開時のインタビューからもうかがえる。砂田は父親の死に直面してもなお冷静な視点を持ち続けられた理由をこう述べた。

「父親の人生を描きたかったわけではなかったからだと思います。その先にあるもの、生きていた人間が命を終えていくことの不思議さや悲しさを描きたかった」[*5]

『エンディングノート』はセルフドキュメンタリーでありながら、決して「閉じた私的ドキュメンタリー」ではない。むしろ、きわめて「私」的な映像を大量に提示することで、きわめて普遍的なテーマである「死」を観客に想《おも》わせる。あるいは強制的に向き合わせ、人生全体を俯瞰した視点から喜び・悲しみ・憂鬱・恐怖などを瞬時に喚起させる、実によくできた装置だった。

ある種のセルフドキュメンタリーは思った以上に鋭利だ。軽い気持ちで他人の家の家族アルバムを開くと痛い目に遭う。退屈だなんて、とんでもない。

収斂か、拡大か

『エンディングノート』が娘が父を撮ったセルフドキュメンタリーなら、『スープとイデオロギー』(21)は娘が母を撮ったセルフドキュメンタリーである。

監督のヤン・ヨンヒは、在日本朝鮮人総聯合会《ざいにほんちょうせんじんそうれんごうかい》(朝鮮総連)幹部の両親を持つ在日コリアン2世。それまでにも2本の作品、『ディア・ピョンヤン』(05)と『愛《いと》しきソナ』(09)で、両親のルーツや自分との関係の変化をつぶさに記録してきたが、同作ではアルツハイマー病を患った母親にカメラを向け、彼女が18歳の頃に体験した「済州《チェジュ》4・3事件」が彼女の人生をどのように変えたのかを明らかにする。

済州4・3事件とは、1948年に韓国（当時は米国支配下の南朝鮮）の済州島《とう》で起こった島民虐殺事件だ。朝鮮の南北分断を決定づける南側単独選挙に反発した左派島民が、韓国本土から派遣された鎮圧軍などによって虐殺された。韓国現代史最大のタブーとも言われている。

母親の認知症が確実に進んでいくさまは、『エンディングノート』と同様「死」の実況中継に類するものだ。しかし『エンディングノート』の砂田とは対照的に、ヤンは〝自分〟を存分に出す。被写体（母親）への気持ちも本編中で積極的に口にする。

特に後半は、ヤン以外のスタッフがカメラを回し始めるので、画面内にヤンが頻繁に登場し、より一層存在感が際立ってくる。シチュエーションによってはヤンが積極的に動くことで展開を主導し、かなり踏み込んで〝母の人生の物語〟の意味づけを行っているようにも見える。〝父の人生の物語〟を描こうとしなかった砂田とは、この点でも対照的だ。

ヤンは砂田と違い、自分が被写体の娘であることを観客に1秒たりとも忘れさせない。つまり、本作は終始一貫して「娘と母の関係性の物語」であろうとする。その結末は必然的に、「娘が母をようやく理解できた」というものに落ち着く。

本作は、というかヤンのドキュメンタリー3部作（と便宜上呼ぶ）は、在日コリアン家族を20年以上にわたって追跡することで浮かび上がる韓国現代史、日韓関係史というとてつもなく重たい題材が、作品と切り離せない存在感をもってその入り口部分に鎮座している。それが最終的には、非常に私的・個人的な「撮影者とその肉親との関係性」という一点に向かって収斂《しゅうれん》していった。

一方の『エンディングノート』はやはり対照的で、撮影者の肉親（ごく普通の一般人）の終活という、非常に私的・個人的なサンプルの行動観察を入り口に、最終的には人類にとってこれ以上なく普遍的かつ巨大なテーマである「死」へと観客の思考を限りなく拡大させていく。

「自分を出す／出さない」「被写体の人生を描く／描かない」「大から小へ／小から大へ」。一口にセルフドキュメンタリーといっても、ここまで対照的なアプローチが可能なのだ。

『エンディングノート』　2011年／日本　監督：砂田麻美

『監督失格』　2011年／日本　監督：平野勝久

『阿賀に生きる』　1992年／日本　監督：佐藤真

『スープとイデオロギー』　2021年／韓国、日本　監督：ヤン・ヨンヒ

＊1　松江哲明「映画学校の先輩たちが残したセルフドキュメンタリーの傑作の多くは、家族を被写体にしていたが、それまでともに過ごした人生の時間があったからこそ撮れた作品だった。だからこそ映像に強度があり、『よくもここまで』と驚かされる言葉が残される。その理由を僕はＡＶの現場で知った」『シリーズ日本のドキュメンタリー4　産業・科学編』（佐藤忠男 編著／岩波書店、2010年）

＊2　佐藤真「日本のドキュメンタリー映画の変遷（2）」――「ｎｅｏ」25号（2002/2/15号）
＊3　上野昂志「１９９０年代のドキュメンタリー映画について（その１）」――「ｎｅｏ」28、29号（2002/4/1、4/15号）
＊4　佐藤真「私的ドキュメンタリー私論」――「ｎｅｏ」51～55号（2003/4/15～7/1号）
（＊2～4の出典はいずれも http://newcinemajuku.net/report/150328.php）
＊5　『エンディングノート』家族の死が涙と笑いありの新感覚ドキュメンタリーに」（映画．ｃｏｍ、２０１１年９月30日配信）

第4章

外国人目線と「未開のエンタメ化」問題

外国人監督が日本を撮る

観ごたえのあるドキュメンタリーには、はっとする視点が設定されている。見慣れた/聞き慣れた題材に、視聴者が想像もしていなかった角度からカメラを向ける。それはまるで、「桃太郎《ももたろう》」を鬼側の視点から描くことで、「正義を掲げる侵略者に住まいごと蹂躙《じゅうりん》される異民族の悲劇」に仕立て上げるがごとし。

その、はっとする視点がもっとも顕在化しやすいのが、日本人に馴染《なじ》み深い題材を外国人監督が撮ったドキュメンタリーだ。そこには、日本に生まれ育った者からすれば意外な視座が設定されることも少なくない。

『ザ・コーヴ』(09)は、和歌山県太地町で行われているイルカの追い込み漁を、アメリカ人監督ルイ・シホヨスが追った作品だ。端的に言えば、反捕鯨(注:イルカは鯨の一種)の立場から描いた、糾弾色の強いドキュメンタリー。第82回アカデミー賞では長編ドキュメンタリー賞を受賞した。

先に言っておくが、本書の目的は作り手の「たくらみ」を味わうことなので、イルカ漁そのものの是非は論じない。また、同作には事実誤認や偏向的な編集、問題のある撮影がなされているという指摘があり、公開後に物議を醸したが、とりあえずそれも脇に擱《お》く。

注目したいのは、シホヨス監督がこの題材にどんな視座を設定し、劇映画に仕立てるにあたりどんなストーリーテリングを施したか、だ。

その前に、「もし日本人監督がこの題材を扱ったら」を想像してみよう。

少なくない数の、そしてある世代以上の日本人にとって「捕鯨」はかなりデリケートな題材だ。国際世論にみられる「絶滅の危機に瀕《ひん》している動物の保護」「鯨やイルカを知性ある生き物として扱う際の感情的な抵抗感」というプレッシャーは了解しつつも、同じ日本人としては「日本の食文化」「漁師たちの生活」についても心情的には無視できない。監督自身がイルカ漁や捕鯨に賛成であれ反対であれ、かなり慎重に、バランスを取った生真面目な作りにせざるをえなくなる。作品発表後の日本国内からの反応も考えると、なおさらだ。

スパイ映画さながらの『ザ・コーヴ』

しかしシホヨスは、本作を危険区域の潜入アドベンチャーのように撮った。言ってみればサスペンスタッチのスパイ映画。「ミッション：インポッシブル」シリーズのごときエンタテインメント性が満載なのだ。

シホヨスは、立ち入り禁止になっているイルカ追い込み漁のための入り江（the cove）に狙いを定め、そこで行われている〝残虐行為〟を世界中に知らしめるべく、夜間の盗撮を計画。各分野のプロフェッショナルを日本に呼んでチームを組み、宿泊する部屋にミッション遂行のためのハイテク機材を大量に運び込む。スパイガジェットさながらに石の中にカメラを仕込むシーンでは、彼らはいかにも楽しそう。本編に登場する「秘密の入り江はまるで要塞」という言い方も、どこかスパイ映画じみている。

シホヨス監督はチームを『オーシャンズ11』に喩える。『オーシャンズ11』はスティーヴン・ソダーバーグ監督による2001年製作の犯罪映画で、各種犯罪のプロたちが集結してビッグな仕事を遂行するストーリー。ジョージ・クルーニーやブラッド・ピットなどのハリウッド俳優が多数出演するエンタテインメント作品である。

イルカ漁反対派のキーパーソンは冒頭で登場するなり、太地町を「大きな秘密を隠す小さな町」と説明し、太地町の漁師たちを「奴《やつ》ら」呼ばわりして「(太地町の人間は)私を殺したがってる」と敵意剝《む》き出し。まるで麻薬カルテルにまるごと支配されている中南米あたりの街のような言い草だ。きわめてハリウッド映画的な、わかりやすい悪者集団設定。「良心に駆られた先進国の進歩的ジャーナリストが、モラル後進国の犯罪(イルカ漁)現場に潜入し、危険を冒《おか》してでもその実態をカメラに収めて世界に告発するのだ!」とでも言わんばかりの正義感が滲み出ている。

一応言っておくと、本作では国際捕鯨委員会の欺瞞《ぎまん》やイルカ肉に含まれる水銀の問題なども並べて語られる。そこはしっかり社会派だ。しかし映画全体が観客に用意するカタルシスは、明らかに「ミッション:インポッシブル」的な潜入ミッションのそれである。このように思い切ったエンタメ的な視点設定は、たとえ反捕鯨の立場をとる日本人監督であってもなかなかやらないだろう。一言、新鮮だ。

非西洋文明を奇異の目で珍しがる

シホヨスおよび本作に登場するイルカ漁反対派の根底にあるのは、「イルカには人間並みの知性がある。そのような生き物を殺すのは許されない」という倫理観だ（繰り返すが、その是非を本書では問わない）。彼らからしてみれば、イルカという知性ある生き物を殺すのは野蛮人の所業なのかもしれない。実際、太地町の漁師たちは、「荒い言葉で我々を威嚇してくる、現地の野蛮人」のように撮られている。

「太地町の漁師たち、ひいてはイルカ漁を問題視しない日本人は野蛮だ」はさすがに大袈裟な形容だとしても、「未開」くらいには捉えている気がしてならない。というのも、入り江盗撮のために石の中にカメラを仕込むアイデアを思いつくくだりで、ある寺の石庭が映る。そこでのナレーションはこうだ。

「僧侶が砂を掃いていて、世界中の人が見に来る石がある。アメリカだったら誰も休日に石なんか見に行かないけどね」

前半はいい。しかし後半は、東洋的神秘の称賛なのかどうか微妙なところだ。ここに引っかかる日本人は少なくないのではないか。実際、このシーンで流れる劇伴《げきばん》（ＢＧＭ）は、寺院や石庭の神秘性や文化的奥深さに対して一心に敬意を払うようなものではなく、「奇妙な国の奇妙な観光資源」とでもタイトルをつけたくなるものだ（実際に聴くことをお勧めする）。

彼らに大文字の日本文化をディスっている意識はないのだろう。ただ、西洋文明が非西洋文明を「奇異の目で珍しがる」点において、「イルカを殺すなんて野蛮人の仕業、という言い切り」と、このような劇伴の採用は、ほとんど同じグループに入る感受性の産物ではないだろうか。

この無邪気な感受性にもし名前をつけるなら、「未開の発見」とでもするのが適当だ。

「未開の発見」が不遜な態度であるとする批判は、歴史が長い。

「コロンブスがアメリカ大陸を〝発見〟した」が、ヨーロッパ中心主義に基づく不適切極まりない言い方だというのは長らく常識だし、キリスト教の宣教師が植民地に派遣されて「野蛮な現地民を文明化した」も同じ。

ここで連想する映画がある。フランシス・フォード・コッポラ監督がカンヌ国際映画祭の最高賞パルム・ドールを獲得した『地獄の黙示録』（79）だ。舞台はベトナム戦争。カンボジアの奥地に独立王国を築いたカーツというアメリカ人の大佐を暗殺すべく、ウィラード大尉が船でジャングルの奥深くに赴く物語だ。

カーツが従えているカンボジアの現地民は、ウィラード大尉の目線から「未開で得体の知れない集団」として描かれている。その頂点に立っているカーツは、明らかに「精神に変調をきたした西洋人」だ。これは何を意味するか。

『地獄の黙示録』の面白さは、船で川を上るウィラードが次々と狂気的なシチュエーションに遭遇するという、地獄めぐりアトラクションのごとき建て付けにある。ナパーム弾による爆撃、異常な盛り上がりを見せるプレイメイト（成人男性向け娯楽雑誌「プレイボーイ」の女性ヌードモデル）の現地慰問、燃料と交換のバニーガールとのセックス、罪のない現地民の殺戮《さつりく》、戦時下にもかかわらず不気味な優雅さを保つフランス人たち――。その行き着いた先に、つまりそれらの狂気の最高峰として、カーツと現地民の〝異様な〟コミュニティが描かれる。

西洋的な視線からは理解しがたい、得体の知れない状況を興味本位で観察すること。踏み込んで言うなら、「未開のエンタテインメント化」だ。

『地獄の黙示録』は、イギリスの小説家ジョゼフ・コンラッドによる『闇の奥』（1899年発表、1902年出版）を大幅に翻案して製作された。『闇の奥』の舞台は19世紀末のアフリカ、コンゴ川《がわ》だが、当時のコンゴ川流域はベルギー国王レオポルド2世の私有地であり、現地民をひどく搾取していたことでも知られている。同作はヨーロッパによる植民地支配の本質、西洋文明の闇を突いた作品として高い評価を受け、多くの文学作品に多大なる影響を与えた。

ただ、『闇の奥』は発表から何十年も経過したのちに批判も浴びている。1975年、アフリカ・ナイジェリアの作家チヌア・アチェベが、同作にはアフリカ人の内面が描かれていないとして、コンラッドを人種差別主義者だと糾弾したのだ。ナイジェリアの作家からすれば、これも立派な「未開のエンタテインメント化」。不遜の極みというわけだ。

『ザ・コーヴ』における太地町の漁師たちの描き方は、これに該当するのか、しないのか。

マイルドヤンキーとオタクは〝発見〟されたのか

「未開のエンタテインメント化」は日本人同士でも行われている。

2014年の「新語・流行語大賞」にノミネートされた「マイルドヤンキー」という言葉がある。これはマーケティング・アナリストの原田曜平《はらだようへい》が唱えた概念で、郊外や地方に住み、地元志向が強く、内向的で上昇志向が低い若者たちのことを指す。彼らの「ショッピングモールを好み、高級ミニバンに憧れ、低学歴・低収入ながら生活満足度は低くない」といった特徴は当時のメディアでたいそう面白がられ、日本人の新しい若者像として話題になった。

しかし、批判もあった。「都市生活者が郊外生活者である彼らを勝手に〝発見〟した気になっているだけで、もともとそういう人は存在していた」「知的エリート層が郊外住まいの低所得者を面白がって見下しているだけ」など。

実際に見下していたかどうかは別として、マイルドヤンキーと称される彼らを「物珍しげに笑う」空気が当時のメディア――特に高学歴層が従事している大手マスコミ――に内在していた事実は否定できない。その点において、アメリカ大陸の〝発見〟と構図的には変わらないとも言える。

オタク文化の〝発見〟にも同様の構図がある。「オタク」という言葉や概念自体は1980年代から存在したが、1988年から1989年に発生した「東京・埼玉連続幼女誘拐殺人事件」の犯人・宮﨑勤が「ロリコンでホラーマニアのオタク」と報道されたことから、そのバッドイメージは頂点に達し、界隈《かいわい》では長らく蔑視・差別の対象となっていた。

2000年代に入るとTVを中心としたマスコミが一斉にオタクの奇妙さ、生態の面白さを〝発見〟して騒ぎ立てた。きっかけは、秋葉原《あきはばら》のメイド喫茶が話題になったこと、お笑い番組などで誇張されたオタクキャラが人気を得たこと、2005年公開の映画『電車男』のヒットなどだ。オタクは蔑視・差別の対象であることに加え、「奇妙で、異常で、面白い存在」として鑑賞され、大きな規模で見世物にされ、消費されていった。

さらにオタクは2010年代、「クールジャパン」という旗印のもとサブカルチャーやポップカルチャー、食文化などと一緒くたにされ、政府や経済界などから「世界に輸出できる日本の文化」として新たな価値を〝発見〟されてもいる。

マスコミが規定する〝一般市民〟から見たマイルドヤンキーやオタクは、ウィラード大尉から見たカンボジアの現地民やカーツ大佐と同じなのだろうか？　あるいはまた、〝善良で進歩的で知性的な正義のアメリカ人〟から見た、イルカ殺害という残虐行為を繰り返しながら西洋人に威嚇的な言葉で歯向かう太地町の漁師たちとも同じなのだろうか？

西洋人によるヨーロッパ中心主義の自己批判としてもっとも有名なのが、フランスの文化人類学者クロード・レヴィ＝ストロースが1962年に著した『野生の思考』だ。内容をごく簡単に説明するなら、ヨーロッパ人が長らく抱いてきた「文明が進んだ我々は、未開で野蛮な人々よりも進歩的な存在である」という優越感を無効化するもの。ヨーロッパ人の考える「文明的であること」と「未開状態」の間に優劣はなく、それぞれがそれぞれの社会構造のなかで生きている、というのがレヴィ＝ストロースの主張だった。

取材相手と親しくなると、ろくなことがない？

ドキュメンタリーに話を戻そう。ドキュメンタリストがある被写体を撮影するとき、被写体を分析的に、言ってみれば「上から目線」で捉えがちになる。記録したものを作為的に編集し、徹底的な制御を施して作品化するのだから、当然といえば当然なのだが。

小川紳介や原一男のように、被写体の人物と長く一緒に過ごす、なんなら文字通り寝食をともにすることで「上から目線」を極力排除するという手法もある。そうすることで被写体から信頼を得て初めて撮れる画《え》、引き出せる言葉もあるだろう。なにより、そのアプローチは往々にして誠実だと形容される。

しかし一方で、あえて被写体から物理的・心理的距離を置き、情にほだされないようにして撮影する方法もある。東海テレビの阿武野勝彦プロデューサーは言う。

「カメラマンが取材の途上で取材相手と親しくなるとロクなことがない。それは、撮影という行為が、関係性を冷徹に映し込む作業だからだ」[*1]

カメラマンを映画評論家に置き換えるなら、「監督と知り合いではないほうが、歯に衣着《きぬ》せぬ批評ができる」というやつだ。

そう考えると、ドキュメンタリーのカメラマン（監督）が被写体とは異なる国の人間であることで、つまり第三者であることで生じるある種の無遠慮さが、「同国人なら撮りづらいものが、撮れてしまう」というメリットを生み出すこともあるだろう。

こんな話もある。東日本大震災を取材した『境界の町で』などの著書がある作家の岡映里《おかえり》は、ある日本人の写真家が、殺人のあるメキシコでは毎日のように大胆に死体を撮影していたのに、その写真家が撮った東北被災地の写真は「お行儀がよくて、『遠慮』を感じた」という。その理由について岡は「メキシコ人の死体を驚くほど大胆に撮影しても、それを発表するのは日本なので、遺族の目に触れることはほぼない」が、「東日本大震災の取材では、『ひどい扱いをするなら許さない』という『当事者からの目』に取材者が逆照射される」からだと分析した。[*2]

また岡は、被災地での外国人カメラマンの様子を所感と併せて綴っている。「ロングレンズで葬儀を盗撮している場面や、一時帰宅の人の家に靴も脱がずに上がりこんで挨拶すらしないでシャッターを切りまくっているところなどに出くわしたりしたとき、その『自由さ』にくらくらしたものだ」[*3]

ここで外国人カメラマンの行動の善悪は論じない。本稿で強調したいのは、「当事者であるA国人なら撮影を躊躇《ちゅうちょ》する場面でも、非当事者であるB国人なら躊躇しない場合がある」ということだ。

『主戦場』と『クナシリ』の自由さ

A国人とB国人で撮ることのできる素材に差がつくのは、静止画の写真だろうが動画のドキュメンタリーだろうが同じ。当然、出来上がった作品には違いが出る。

日本に生活の拠点を置いていない外国人監督は、取材時においても使用素材の選択時においても、「隣人に対する忖度」を必要以上に働かせる必要がない。徹底的に第三者の顔でふるまえる。良くも悪くもズケズケものを言いやすく、対象に土足で踏み込みやすい（言うまでもなく、日本人写真家のメキシコでのふるまいも同じ）。岡の言う「自由さ」だ。

日系2世のアメリカ人であるミキ・デザキが日本の従軍慰安婦問題を扱ったドキュメンタリー『主戦場』（19）には、彼が「ネオナショナリスト」と呼ぶ日本人右派論客たちへのインタビューが多数収録されている。その無邪気で無遠慮な切り込み方と、七面倒臭い物議を一切恐れない姿勢は、やはりデザキが「日本社会に暮らす日本人」ではないがゆえに獲得できている「自由さ」ではないか。ちなみに、本作内で取材を受けた出演者の5人は「合意に反して映画を商業公開された」として民事訴訟を起こしている。*4

『主戦場』については、そのしがらみなき「自由さ」をもって、日本人であれば躊躇するであろうエンタテインメント性に満ちたストーリーテリングが施されているが、それについては第5章で詳述する。

旧ソヴィエト連邦生まれ、フランス在住のドキュメンタリー作家ウラジーミル・コズロフが国後《くなしり》島《とう》でカメラを回した『クナシリ』(19)にも、ある種の「自由さ」がある。

同作は日本人にとってはかなりデリケートで複雑な題材である北方領土《ほっぽうりょうど》問題に目を向けているが、日本人でもなければロシアで暮らしているわけでもないコズロフは、島の描写に特別な意味や感情を盛り込むことを退《さ》けた。ただただ、特に観光的な見どころもない荒涼とした町並みを映し、時代の役割を終えた、忘れ去られた土地の寂しさを前景化した。同作が放っているのは、高度な政治的緊張や秘された雄大な自然……などではなく、「うわ、汚《きた》ったねぇ島」という残念感だ。

インタビューに応える何人かの島民たちは「日本人と共存したい」と希望する。そうしないと島の経済が発展しないからだ。もし日本のニュース系メディア、たとえば『報道特集』(TBS系)取材班あたりがこのような島民の声に遭遇したら、嬉々《きき》として「ロシア政府の考えとは裏腹に、島民は日本人に来てもらいたがっている」という、日本人が受け入れやすい「視点」を設定するに違いない。

しかし日本人でもなくロシアで暮らしてもいない本作の監督は、そうしない。ゴミ溜《た》めのような島を淡々と映し、打ち捨てられた土地の惨めさをただただ記録し続ける。政府関係者は「我々はこの土地に観光業を発展させたい」と言うが、その割には具体的に動いている気配がない。とにかく島に魅力がない。生気がない。画面は最初から最後までずっと〝サムい〟。

刀匠に聖性を見出さない『靖国　ＹＡＳＵＫＵＮＩ』

中国人監督の李纓《リイン》が、靖国神社を訪れる人やそこで展開される政治的行動、小競り合いなどをカメラに収めたドキュメンタリー『靖国　ＹＡＳＵＫＵＮＩ』（07）も挙げておこう。

いわゆる「靖国問題」は、日本人にとってはトップクラスにデリケートな案件であり、Ａ級戦犯の分祀《ぶんし》問題や公人の参拝是非については長らく議論が続いている。日本人監督が取り上げるには、相当な熟慮と覚悟が必要であるばかりか、商業映画として成立させるには多方面にわたる配慮や忖度も欠かせない。

『靖国　ＹＡＳＵＫＵＮＩ』は取材の方法に問題があるのではないかという指摘があるなど、公開時は相当に物議を醸したが、『ザ・コーヴ』同様、本書でそれらは重視しない。注目したいのは、本作でもっとも外国人視点が顕著な部分だ。

それは、本作がカメラに収めた90歳になる刀匠の「見え方」である。

本作は冒頭のテロップで、「昭和8年から終戦までの12年の間、〝靖国刀〟と呼ばれる８１００振の軍刀が靖国神社の境内において作られた」と説明される。その現役最後の靖国刀匠として登場するのが、この老刀匠だ。彼の作った靖国刀はかつて戦場の将校たちに供給されたという。そして「246万6千余の軍人の魂が移された一振りの刀が靖国神社の御神体である」と表示される。

刀を御神体とする神社の現役刀匠と聞けば、多くの日本人は当然、彼がいかに靖国神社の象徴する聖性と一体化した存在であるかをロマンチックに想像するだろう。ある種の日本人からすれば、古き良き日本文化を担う刀匠という職業は無条件にリスペクトすべし、といった不文律が確固としてある。その意味でも、彼にカメラを向けるなら、相応の「ただ者ではない人間国宝的存在」として扱うのが定石だ。日本で生まれ育った日本人監督ならば。

しかし中国人監督である李にとっては、そのような文化背景が決して所与のものではない。了解事項でもなんでもない。しがらみなき「自由さ」がある。

結果、李は老刀匠をどう捉えたか。

刀匠の作業場は粗末で黒ずんだ古ガレージといった印象。作業用の容器として使われている何かの食べ物の空き缶も映る。その薄暗い場所で、機敏とは言いがたい老人が黙々と刀を作っている。「英霊を祀《まつ》る神社」から想像する威容とか、聖性とか、オーラのようなものはあまり感じられない。感じられないような〝撮られ方〟が施されている。

刀匠が生活する居室も同様だ。壁にかけられたカレンダー、小さな電気ストーブ。積まれた段ボール箱には「西瓜《すいか》」と書いてある。「靖国」というビッグネーム、「刀匠」というリスペクタブルな職業イメージからは大きく乖離《かいり》した、剝き出しの生活感が漂う。

カメラを回したらそう撮れてしまっただけだ、とは言わせない。カメラマンへの撮り方の指示でいくらでも工夫できるし、撮った素材の取捨選択も編集もできる。「現役最後、90歳の刀匠」として、あるいは「神道の代表的施設である靖国神社の刀匠」として、崇高なる存在に見せるやり方もあっただろう。

しかし李はそうしなかった。彼の靖国問題に対する政治的な気分がいかなるものであるのかを考える以前に、これは確実に「外国人目線」だ。李は、一般的な日本人なら描き込まざるをえない、あるいはスルーしにくい刀匠の聖性イメージを重要視せず、90歳の老人を「時代的役割をとっくに終えた存在」としてドライに位置づけた。

まるで、『クナシリ』で描かれた国後島の町並みのように。

ある動物を見て「かわいい」と言う文化圏もあれば、「うまそう」と言う文化圏もあり、そのギャップはそれ自体が見世物になりうる。その意味で、「日本人に馴染みの題材を外国人が撮るドキュメンタリー」は、有意義な見世物として成立するポテンシャルを大いに秘めている。

〝外国人〟だからこそ引き出せる言葉

いっぽう被写体の立場からすれば、自分にカメラを向けるインタビュアーの文化的背景や母国語が自分たちと異なる場合と同じ場合とでは、おのずと態度が変わってくる。結果、引き出される言葉も違ったものになるはずだ。

ニューヨークで生まれ育った日系2世のリサ・モリモトが、元特攻隊員の生存者や親族などにインタビューを重ねるドキュメンタリー『TOKKO　特攻』(07)は、日本人であればかなり投げにくい「素朴すぎる質問」を彼女が投げ続けることで、彼らから赤裸々な言葉を引き出すことに成功している。モリモトもそのことに自覚的で、彼女自身が冒頭のナレーションでこう言う。「日本人には聞きにくい質問も(日本人ではない)私なら…」

老いた元特攻隊員からは、かなりストレートな言葉が飛び出す。「天皇陛下のために痛めつけられて、みんな死んじゃったからな。昭和天皇に対して違和感は感じるけどさ」「せめて半年早く天皇陛下が『もういいから、俺が犠牲になるからやめよう』って言ってくれたら、何万人という人が助かったでしょ」

生まれも育ちもニューヨークだけあって、モリモトの日本語はネイティブ日本人よりわずかに拙《つたな》い。そのような日本語を聞いた元特攻隊員たちは、モリモトが日本文化圏で育っていないことを察知し、婉曲《えんきょく》的な言い回しや行間を読ませる物言いをなるべく避けようとしたに違いない。〝外国人〟である彼女が理解できるよう平易で直接的な言葉を使い、噛《か》み砕いてわかりやすく話そうとしたはずだ。明快に、簡潔に、率直に。それが結果として、赤裸々で強度のある言葉となったのではないか。

BBCワールド・サービスの調査報道取材班「BBC Eye Investigations」が痴漢動画販売サイトの

闇を追った『痴漢動画の闇サイトを暴く　売られる性暴力』（23）も近いケースだ。

同作は1年もの時間をかけて東京在住のサイト関係者に潜入取材を行った労作ドキュメンタリーだが、作中、BBCの女性記者・馮兆音《フエン・ジャオイン》が横浜にある性風俗店を訪れる。電車の車両内を再現した個室で〝合法的に〟痴漢行為ができるという触れ込みの店だが、驚くべきことに、店主は実名・顔出しで取材に応じていた。

痴漢が社会問題化していることをテーマにした取材でこのような店を取り上げる目的は、どう考えても「痴漢行為を助長している責任」を問う以外に考えられない。しかも、店主が実名・顔出しで登場して商売の正当性を主張などしようものなら、ネットで炎上する可能性もある。

しかしその店主は出演を承諾した。あまつさえ「強姦《ごうかん》とかをしないために、こういうところでお金を払ってしっかり発散するのは、男性にとって大事だと思っています」などと、あまりにも奔放かつ率直な言葉をカメラの前で発した。

もし取材メディアが日本のワイドショーだったら、彼は実名・顔出しで取材に応じただろうか。このような率直な発言をしただろうか。おそらく、しないだろう。BBCという「海の向こうのTV局が作る番組」なら、日本のワイドショーで取り上げられて想定される「放送直後に即炎上」はないだろうと踏んでいたに違いない。なんなら外国人観光客向けに良い宣伝になるという狙いすらあったかもしれない。同作がYouTubeのBBC News Japanチャンネルで無料かつ日本語字幕付きで視聴できることは、店主にとって想定外だったかもしれないが。

なにより取材者が日本語を解さない記者だったことで、店主が言葉を濁さず率直かつわかりやすい説明を心がけた可能性は高い。リサ・モリモトと同じく、取材者が〝外国人〟だからこそ引っぱり出せた言葉というわけだ。

ＢＢＣのドキュメンタリーといえば、ジャニー喜多川《きたがわ》による性加害被害者を取り扱った『Ｊ－ＰＯＰの捕食者　秘められたスキャンダル』も挙げておく。同作は本国イギリスで２０２３年３月に放送された後、同年6月17日に日本語字幕付きの本編がＹｏｕＴｕｂｅチャンネルで公開されたが、ここではジャニー喜多川から性加害を受けた元ジャニーズJr.へのインタビューが顔出しで行われている。

彼らがインタビューを受けた動機を横浜の性風俗店店主と同列視すべきではない。ただ、「海外メディアだから受けた」とは言えるのではないか。イギリスの公共放送なら、ジャニーズ事務所が大きな影響を及ぼす国内芸能界を〝飯の種〟とする国内のマスメディアがやりそうな忖度は、きっと避けられる。単なる芸能スキャンダルとして問題が矮小《わいしょう》化される危険も、きっと避けられる。告発者たちがそう踏んでいたであろうことは、想像に難《かた》くない。

鮨のＢＧＭに和楽器を使わない

ある文化圏の視線が別の文化圏を捉え、解釈し、何かしらの判断を下すとき、そこに悪意や侮蔑があろうがなかろうが、一定の齟齬《そご》やハレーションが発生することがある。レヴィ＝ストロースの『野生の思考』にすら「〝未開人〟を美化しすぎていないか」という批判があった。そもそも「〝未開人〟を研究する」という態度や視点そのものが、構造的に「上から目線」でしかありえないのではないか？　という意見にも一定の説得力がある。

ただ、〝発見〟された側がむしろ晴れやかな気分になれるドキュメンタリーもある。そのひとつが、アメリカ人監督のデヴィッド・ゲルブが銀座の鮨店《すし》「すきやばし次郎《じろう》」の店主・小野二郎《おのじろう》とその息子たちを追った『二郎は鮨の夢を見る』(11)だ。同店はミシュランガイド東京で三つ星を獲得した名店中の名店。２０１４年には当時のオバマ米大統領と安倍晋三《あべしんぞう》首相が会食した店としても知られている。

ゲルブは宝石のように光り輝く鮨ネタの美しさを表現する際、あるいは二郎の鮨職人としての高みや神秘性、完璧主義ぶりを描写する際、劇伴に弦楽器やピアノによって奏でられるコンチェルト（協奏曲）を多用した。たとえば、二郎の鮨職人としての粋が結集した「おまかせコース」が供されるシーンの劇伴は、モーツァルトの「ピアノ協奏曲第21番」だ。

これは劇中に登場する日本人の料理評論家が、「おまかせコース」の展開をコンチェルトの楽章に喩えて説明したことが着想の元と思われるが、ハリウッド映画における日本のシーンでわざとらしく流れる尺八や琴や和太鼓などを一切使用しないところに、ゲルブなりの視点設定がある。

おそらくゲルブは、至高の鮨職人である小野二郎の握る芸術的な鮨や語る仕事の哲学を、「日本ぽさ」などというお仕着せの概念では捉えていない。国を超えた、もっと普遍的な聖性や神性を当時85歳の鮨職人に見出していた。比べるものでもないが、『靖国　YASUKUNI』で李纓《リイン》が90歳の刀匠に見出したものとは実に対照的だ。

「見る者」と「見られる者」の力関係

自分たちとは異なる文化的バックグラウンドを持つ外国人監督がドキュメンタリーの題材に日本を選ぶとき、我々は自分たちが、日本人という国民ごと、あるいは日本の文化ごと、あるいは日本の歴史ごと、ひっくるめて「見られている」ことを強く意識させられる。

ドキュメンタリーは、「見る者」である監督が、「見られる者」である被写体にカメラを向ける、という図式で成り立っている。「見られる者」は、時に「野蛮」と誇《そし》られたり、「未開」として腑分《ふわ》けされたり、「聖なるもの」として崇《あが》められたりする。

なんだか、心穏やかではいられない。

当事者以外が当事者について語るとき、そこに一片たりとも悪意がなくとも、「見られる者」にとって「見る者」の視線そのものが暴力になることは大いにありうる。「自分のことを見ないでほしい」と言う権利は、誰にでも保障されるべきだ。

そのことが露呈した日本のドキュメンタリーがある。兵庫県の食肉センターを舞台にした『にくのひと』(07)だ。同作は各地で上映されて高い評価を得、2010年に都内のミニシアターで劇場公開が決まったが、部落解放同盟兵庫県連合会から上映の中止を求められ、以降作品は封印されてしまった。

当事者の中には「これ以上部落のことを話題にしてほしくない」と望む方もいる。語ることで地名や当事者がクローズアップされてしまい、差別の二次被害が出かねないからだ。であれば、このまま忘れ去られるのを待ちたいと考えるのは当然であろう。

また、どれだけ真摯《しんし》に論じようとも、いざ当事者からの「だけど、あなたは差別されたことがありませんよね?」の一言に非当事者が何か返すのは難しい。

『にくのひと』の満若勇咲《みつわかゆうさく》監督はこのことにダメージを受け、「(だったらもう自分たちではなく当事者が問題提起すればいいじゃないか」とまで思うようになったという。だが、彼は2022年、部落差別の歴史を丁寧に掘り下げながら、実際に被差別部落で育った人たちに実名・顔出しでその差別体験を語ってもらう『私のはなし　部落のはなし』というドキュメンタリーを発表した。『にくのひと』のときには当事者の苦しみを十分に想像できていなかったこと、地域の人間関係や論理を理解せずに撮影していたことを反省し、ふたたび部落問題に視線をセットしたのだという。

被写体を被写体としてしか認識していないうちは、ことの本質はつかめない。「見る者」より「見られる者」のほうが、より多くのものが見えていることも、往々にしてある。否、実はそれがほとんどなのかもしれない。カメラが被写体を凝視している間、被写体はカメラマンとその背後に広がる風景を一望しているからだ。このときの被写体の視野は、カメラマンのそれよりもずっと広い。『私のはなし　部落のはなし』は、そのことにとても自覚的だった。

ニーチェが哲学書『善悪の彼岸』で記した有名な言葉、「深淵《しんえん》をのぞく時、深淵もまたこちらをのぞいているのだ」が思い起こされる。深淵とは水の深く淀《よど》んだ暗い場所のこと。日本人である我々が『ザ・コーヴ』『靖国　YASUKUNI』『二郎は鮨の夢を見る』といったドキュメンタリーを観るとき、我々は言ってみれば深淵の側《がわ》に立たされているが、暗がりから明るい場所を見るほうが、その逆よりも多くのものを見ることができるのだ。

『ザ・コーヴ』	2009年／アメリカ	監督：ルイ・シホヨス
『主戦場』	2018年／アメリカ	監督：ミキ・デザキ
『クナシリ』	2019年／フランス	監督：ウラジーミル・コズロフ
『靖国　YASUKUNI』	2007年／日本、中国	監督：李纓
『TOKKO　特攻』	2007年／アメリカ、日本	監督：リサ・モリモト
『痴漢動画の闇サイトを暴く　売られる性暴力』	2023年／イギリス	監督：シャンシャン・チェン、アリヨーム・ルロワ

『J–POPの捕食者　秘められたスキャンダル』　2023年／イギリス　監督：メグミ・インマン
『二郎は鮨の夢を見る』　2011年／アメリカ　監督：デヴィッド・ゲルブ
『にくのひと』　2007年／日本　監督：満若勇咲
『私のはなし　部落のはなし』　2022年／日本　監督：満若勇咲

＊1　『さよならテレビ　ドキュメンタリーを撮るということ』（阿武野勝彦 著／平凡社新書、2021年）
＊2　『21世紀を生きのびるためのドキュメンタリー映画カタログ』（寺岡裕治 編／キネマ旬報社、2016年）
＊3　前掲書
＊4　2023年3月に最高裁が原告側の上告を棄却し、監督と配給会社の勝訴が確定した。

第5章

ストーリーテリングに孕む「事実の選択」

観客を引き込む「物語化」の技術

引き込まれるドキュメンタリーは、例外なくストーリーテリングに長《た》けている。

本書ではこれまで特に説明なく「ストーリーテリング」という言葉を使ってきたが、「storytelling」とは直訳すれば「物語ること」。ドキュメンタリーに当てはめるなら、物語のような展開で観客を引き込む技術のことを指す。言ってみれば「物語化」だ。

たとえば、第4章で取り上げた『ザ・コーヴ』についてイギリスのドキュメンタリスト、オーランド・ヴォン・アインシーデルは「本質的には環境問題を扱っていますが、制作者は、まるで宝石泥棒映画のような語り口で観客の興味を引くという見せ方を選択しました[*1]」と、ストーリーテリングの秀逸さを指摘した。

ストーリーテリングは、昨今ではビジネスの場面でも重要視される。ビジネス上のコンセプトやアイデアを伝える際、それを想起させる具体的な体験談やエピソード、あるいは教訓話といった物語を引用することによって、相手の共感と理解を誘えるからだ。経営者が内外に企業理念を伝えたり、プランナーが企画をクライアントにプレゼンしたりといった場面ほか、売り出したい商品をスペックではなくバックストーリー（開発に至るまでの苦労話など）込みで消費者に訴求する場合には、ストーリーテリングが重宝される。

ストーリーテリングと聞いて直感的に理解できなくとも、4コマ漫画の構成でおなじみの「起承転結」と言えばわかるだろう。あるいは能楽の構成形式である「序破急《じょはきゅう》」、あるいは古代ギリシャのアリストテレスが提唱した「三幕構成」も、物語展開の基本パターンとしてよく知られている。

なお劇映画における三幕構成の理論は、アメリカの脚本家にしてシナリオ講師でもあったシド・フィールドによって1979年に理論化されており、以降脚本メソッドの定番となった。それによると、第一幕（設定）、第二幕（対立・衝突）、第三幕（解決）の時間配分は1対2対1。映画の形式で（かつ、ストーリーテリングを重視する）作品を発表するタイプのドキュメンタリストなら、この配分は間違いなく意識しているはずだ。*2

「剝き出しの主張」は誰も聞かない

ドキュメンタリー制作プロセスの川上から川下まで、そのハウツーを網羅した翻訳本『ドキュメンタリー・ストーリーテリング』（シーラ・カーラン・バーナード著／フィルムアート社）という本がある。この本が500ページ以上にもわたっているのは、タイトルにある「ストーリーテリング」が、それだけの紙数を費やすに値するほど「観客をのめりこませる（同書帯より）」のに必要不可欠だからだ。

同書の翻訳監修を務めた今村研一《いまむらけんいち》は同書内の解説で、ストーリーテリングについて「取材対象に内在する物語ではなく、あくまで制作者が意図的に語ろうとする話法」と述べている。[*3] これは、本書がこれまでも強調してきたドキュメンタリーの要件定義――「客観的なファクト（などというものは個人が語り手である以上、存在しえないが）の羅列」ではなく「監督の主観・意図をもとに綴られたもの」――の言い換えだ。

ストーリーテリングの良し悪《あ》しは、ドキュメンタリーの商業的成否を直接的にも握っており、同書には「物語を語らずに題材の話をしてしまうのが下手な売り込み」という記述すらある。[*4] 要は、「このテーマ、このモチーフは社会的にものすごく意義があります！」と監督やプロデューサーがいくら熱弁したところで、制作費を出す出資者が気にするのは「面白い物語性があるかどうか」に尽きる、ということだ。[*5]

しかし、なぜここまでドキュメンタリーにストーリーテリングが必要なのだろうか。それは、よく知らない人間の「剝き出しの主張」になど、誰も耳を傾けないからだ。「読んでもらう／聞いてもらう／見てもらうための工夫」が施されていない発表物ほど、鑑賞や読解に苦痛を伴うものはない。政治綱領、駅前の街頭演説、役所の通達文、自己満足的な身辺雑記やエッセイ、年配男性の長いＦａｃｅｂｏｏｋ投稿などが良い例だ。

ここで言う工夫は、サービス精神という言葉に置き換えてもよいだろう。

『主戦場』の「起」——つかみと〝敵〟の設定

ドキュメンタリーにおけるストーリーテリングの醍醐味、流麗な「起承転結」の妙を存分に堪能できる1本として、従軍慰安婦問題の争点を徹底的に洗い出した『主戦場』(18)を取り上げたい。従軍慰安婦とは「慰安所と呼ばれた施設などで、日本軍将兵との性行為を強制された女性たちのこと」[*6]。慰安所は太平洋戦争が終戦するまでの間、中国をはじめアジアの各地に設置された。なお、監督のミキ・デザキは1983年生まれの日系アメリカ人2世である。

本作は従軍慰安婦問題に通じている日米韓の識者・論者を、ざっくり「日本の強制連行などなかった」とする否定派(便宜上〝右派〟と呼ぶ)と、日本政府の責任を追及する慰安婦支援派(同〝左派〟と呼ぶ)の2グループに分け、右派vs.左派の〝バトル〟を映画内で展開させる。その際のストーリーテリングが、とにかく上手《うま》い。喩えるなら、バトルものの「ジャンプ漫画」でも読んでいるかのような疾走感がある。

なお、本書ではデザキの政治的主張の妥当性や、筆者がデザキの主張に同意できるかどうかについては論じない。あくまで「ストーリーテリングにすぐれた構造物」としての分析に留《とど》める。

では、本編を起承転結に対応させながら追っていこう。

まずは「起」。冒頭、従軍慰安婦問題の基本がテロップで手早く解説された後、元慰安婦の韓国人女性が韓国外交部の長官にガチギレしている衝撃的なシーンが流れる。彼女は2015年に締結された日韓合意のやり方に納得していないのだ。彼女は涙ながらに言う。「裏に隠れて両国でコソコソと！」。開始2分、早くもつかみはバッチリだ。

次に登場するのは、通称「テキサス親父《おやじ》」と呼ばれるアメリカ人トニー・マラーノ。彼は慰安婦問題について日本の右翼の見解を全面支持しており、YouTubeで自説を発信している。マネージャーも日本人だ。多くの観客は彼に強く興味を惹《ひ》かれる。「なぜアメリカの白人が日本の右派を支持するのか？」

矢継ぎ早に、杉田水脈《すぎたみお》、櫻井《さくらい》よしこ、ケント・ギルバートらキャラの立った右派論客が次々と登場し、インタビューで持論を展開する。曰く「強制連行なんてやりっこない」「被害者などどこにもいない」「慰安婦ではなく報酬をもらっていた売春婦にすぎない」等々。デザキはナレーションで彼ら右派を「歴史修正主義者」「否定論者」と呼称し、本作における〝敵〟として明確に設定する。

ここまでたったの10分余り。なんというセットアップの手際良さ。

右派の主張に対立する左派の主張もざっと並べられ、主要登場人物たちの顔見世が完了する。役者は揃《そろ》った。バトル開始だ。不遜な言い方をするなら、これから始まる〝物語〟にワクワクが止まらない。完璧な「起」である。

『主戦場』の「承」――物語を盛り上げる技術

続く「承」では、韓国でのデモの模様や現地の識者の主張、慰安婦像設置に揺れるグレンデール市（アメリカ・カリフォルニア州）における右派の主張を交えながら、従軍慰安婦問題の争点が整理され、ひとつずつ丁寧にリストアップされてゆく。

「強制連行の事実はあったのか」「従軍慰安婦が20万人という数字は正しいのか」「元従軍慰安婦の発言に信憑性《しんぴょうせい》はあるか」「日本政府の謝罪は妥当だったのか」「彼女たちは自由を奪われた性奴隷だったのか、金目当ての売春婦だったのか」。本作を観るまで従軍慰安婦問題について疎かった観客には、この鮮やかな論点整理が心地よくてたまらない。

両派の主張合戦は、スピード感にあふれ、淀みがない。巧みな編集により、Aという人間がしゃべった言葉とBという人間がしゃべった言葉が、まるでひと続きのなめらかな主張に聞こえる。主張→反論、主張→反論……のテンポもすこぶる良い。論戦を流れるように見せてくれる。高まるグルーヴ。

早い段階で右派を〝敵〟に設定しているだけに、本作は「右派の主張の矛盾・虚偽を、左派が一つ一つひっくり返していく」ダイナミズムを、胸のすくエンタテインメントに仕立てている。そこには無論、「右派の主張の後に左派の反論を持ってくることで、映画の中で右派に再反論の機会を与えない。不公平だ」という批判も寄せられているが、[*7] それでもストーリーテリングの上手さについては認めざるをえない。

『ドキュメンタリー・ストーリーテリング』の以下の記述は、まさに『主戦場』のような作品のことを指している。

「物語の技巧が良い仕事をしているときは、受け手にそれ以外はありえないと思わせる説得力を持ちます。継ぎ目も見えないほどきれいにはまっているので、技巧が使われていることすら気づかないというわけです。登場人物は無理なくその世界を生きており、そこにあるアイデアやプロットはすべて有機的に物語に溶けこんでおり、作品が提示する論点は抜かりなく、申し分ないものとして構築されているのです[*8]」

『主戦場』の「転」――〝敵〟の正体が判明する

ある種の王道・古典的少年漫画では、物語中盤以降で「巨悪の存在」が明らかになるのが定番だ。今までに戦ってきたたくさんの敵たちの背後に、彼らを束ねる大きな悪の組織があり、その影響力はなんと政府の中枢にまで及んでいた！　……の類いである。

『主戦場』は面白いほど綺麗に、そんな王道・古典的少年漫画の展開をなぞっている。

右派と左派の主張がある程度出揃ったところで、本作は過去の歴史に目を向ける。１９９０年代後半に歴史修正主義的な教科書を作るための「新しい歴史教科書をつくる会」が設立された。その資金面でのバックアップのため、まだ若き自民党の議員だった——のちに内閣総理大臣として歴代最長の通算在職日数を誇ることになる——安倍晋三らが「日本の前途と歴史教育を考える若手議員の会（通称：教科書議連）」を設立したのだ。

そう、〝敵〟（右派）の影響力は20年以上前から「政府の中枢にまで及んでいた」のだ。

この段になって新しい登場人物が〝物語〟に投入される。かつてはナショナリストで歴史修正主義者、つまりゴリゴリの右派だったものの今は左派に「転向」した、日砂恵《ひさえ》・ケネディという人物だ。

彼女はかつて「櫻井よしこの後継者」とも呼ばれていた。つまり、言ってみれば「敵組織を裏切った大物」である。飽きさせないとしか言いようのない、サービス精神満載の展開だ。

日砂恵・ケネディの語る「かつての身内批判」を拠《よ》り所に、右派がいかに差別主義者であるかがこれでもかとばかりに強調される中、彼女はある告白と懺悔《ざんげ》を行う。過去、あるアメリカ人ジャーナリストに、右派にとって都合のいい記事を書いてもらうため、「調査費として6万ドル、ビジネスクラスの飛行機代、宿泊費、食事代、交通費」を援助したというのだ。

この件は櫻井よしこも関わっている。デザキはカメラが回っている前で櫻井に問いただすが、櫻井は一瞬たりとも動揺を見せない。彼女は眉ひとつ動かさず、菩薩《ぼさつ》のような微笑《ほほえ》みをたたえながら、嫌味なく上品に、流暢《りゅうちょう》な英語でこう言った。

「そのことは話したくありません。とても複雑なので」

その瞬間に櫻井が漂わせた空気は、おごそかな劇映画のそれだった。大女優の風格。ザコ敵とは格が違う。ヤクザ映画で言えば若頭クラス。ギャング映画で言えば幹部クラスの佇まいを櫻井は醸していた。

デザキはさらに安倍晋三を深掘りし、右派に大きな影響力を与える〝敵組織〟を特定する。安倍が特別顧問を務め、閣僚の多くが所属している超党派の議員連盟が支持する、日本最大の保守主義団体、日本会議《にっぽんかいぎ》だ。

左派のひとりは日本会議について、戦前の日本を肯定し、人権意識が欠如しており、ジェンダー平等に反対しているとして警戒する。〝敵組織〟がいかに恐ろしいかを観客に伝えるには、その対立陣営に語らせるのが一番だ。物語の基本メソッドである。

日本会議こそが、今まで登場した右派たち――「歴史修正主義者」「否定論者」「ネオナショナリスト」――の総本山だったのだ！　……という見立てを、本作は観客に誘発する。

素晴らしいクライマックス。理想的な「転」だ。

『主戦場』の「結」――不気味なラスボスが登場する

総本山が明かされても、話は終わらない。

デザキは右派たちと日本会議を繋《つな》ぐ重要人物がいると指摘する。その人物を中心とした人物関係図を画面に表示させ、観客の期待を存分に煽る。容疑者全員を一箇所に集めてエモーショナルな口上を述べる、ミステリー映画の名探偵のごとし。

ふと、今までバックで鳴り続けていたミステリー映画ライクな音楽が消え、画面にひとりの老人男性が登場する。彼の名は加瀬英明《かせひであき》、日本会議の代表委員で東京都本部の会長。物語上の役割で言えば、彼こそが〝黒幕〟、いわゆるラスボスだ。

加瀬の存在感は不穏で妖怪的である。インタビュアーによる「慰安婦問題に関して正しい歴史を伝えている歴史家の先生は？」との問いには、茶目っ気たっぷりに「自己紹介していいですか？私がそのひとりだと思います」と返答。そのくせ、左派はおろか右派の専門家が慰安婦について書いた本すら、一切読んでいない。「人の書いたものは読まない」と悪びれる様子もなく言う。

そもそも加瀬はカメラの前で、反対陣営である左派をまるで相手にしていない。従軍慰安婦問題については、「ポルノ的な関心」「どうしてこんな馬鹿げたことに興味があるの？」などと言って片付け、まともな議論をしようともしない。何を言われても痛くも痒《かゆ》くもないという態度。「歯牙にもかけない」とはこのことだ。

しかも加瀬は、ソフトな敬語口調で信じられないほど不遜な発言を連発する。

「日本が戦争に勝ったからアメリカの黒人は解放された。その恨みで日本の慰安婦問題を追及しているアメリカ人が多いのではないでしょうか」

「南京大虐殺《なんきん》はまったく起こっていません。中国が捏造したことです」

「韓国は可愛《かわい》らしい国。育ちの悪い子供が騒いでいるようで可愛いじゃないですか」

期待に違《たが》わぬラスボスしぐさ。これ以上ラスボスらしいラスボスには、なかなかお目にかかれない。何より、キャラが立ちすぎている。

まるで『バットマン』の絶対悪、ジョーカー。巨魁《きょかい》と呼ぶにふさわしい。口調は乱れず、常に不敵な笑みを浮かべているようにも見える。日本語で話しているのに、根本のところで絶望的に通じない、背筋の凍る不気味さ。デザキは（おそらく彼自身が感じた）加瀬の異様さや不気味さを、映画の中で余すところなく描出した。

「物語の終着点」に鎮座する存在として、申し分ない大物感。見事な、かつ極めて漫画的な結末。〝物語〟として出来すぎていることに、思わず拍手を送ってしまう。

優れた物語は人に話さずにはいられない

『主戦場』を観て、ドキュメンタリーにここまでドラマチックなストーリーテリングを施す必要はないのでは？　と思われる方もおられよう。

しかし、人類は物語という形式に何よりも惹かれる生き物であるらしい。

ワシントン&ジェファーソン大学英語学科特別研究員のジョナサン・ゴットシャルが、学生たちが1日のうちで物語の世界に浸っている時間を彼ら自身に調査させたところ、「5時間以上」という推定値が出た。ここでいう物語の世界とは、本、リアリティ番組、ホームドラマ、ドキュメンタリー、朗読ポッドキャスト、物語性のあるゲーム、そしてSNSでの友人の投稿（これも大きく言えば「ストーリー」だ）も含まれる。

しかも、この「5時間以上」という数字は、勉強、スポーツ、食事、友人とのリアルな付き合い、宗教活動のどれをも上回るものだった。ゴットシャルは「物語は彼らの人生で最も重要」と結論づけている。*9

人生で最も重要。だからこそ、ストーリーテリングが巧みな物語に、人は大きな影響を受ける。まっさらな下地に特定の思想や信条を植え付ける。あるいは、もともと持っていた信条にグラグラと揺さぶりをかける。場合によっては考えを変えさせ、思想転向すら促す。

太平洋《たいへいよう》戦争中の1943年、日本初の長編（と言っても総尺は37分）アニメ映画『桃太郎の海《うみ》鷲《わし》』が公開された。内容は、真珠湾《しんじゅわん》を鬼ヶ島《おにがしま》に見立て、「鬼退治」する日本軍の活躍と逃げ惑うアメリカ兵士の姿を面白おかしく描いたもの。当時の海軍省の依頼により作られた紛れもない戦意高揚映画だが、子供たちからは人気を博した。

アメリカのディズニーも太平洋戦争中、財務長官ヘンリー・モーゲンソーからの依頼で、ドナルドダックを主役に所得税の納税を促す映画『新しい精神（The New Spirit）』を製作した。同作は1942年に公開され、アメリカ国民の意識変革に成功したという。

よくできた物語には人を操る力がある。よくよく考えてみれば、冒頭の「ストーリーテリングがビジネスの場面で重要視される」理由も同じ。ストーリーテリングを駆使することでビジネス上有利な条件を（こちらの意のままに）相手に受け入れてもらえるからだ。これを「人を操る」と言わずして何と言おう。

しかも、物語には強い拡散力がある。作品のメッセージが作品を観た者に刺さるだけにとどまらず、口コミによって観ていない者にも伝わるのだ。

ゴットシャルは、ストーリーテリングには他の情報伝達手段に比べて科学的に実証された優位性が多数あるとするが、そのひとつが「優れた物語は人に話さずにはいられない」という性質だという。曰く「絶対に内緒だよと言われた噂《うわさ》話を広めたりネタバレをしたりしないのがどれほど難しいか考えてみればよい[*10]」。

『ドキュメンタリー・ストーリーテリング』でも、ラッシュ（未編集状態の映像）映写時の留意事項として「観客が作品を見た翌日、職場の仲間と語り合いたくなるような部分を探しましょう」と指南している。その後の編集で不要部分をカットしていく際にも、「職場の仲間と語り合いたくなるような部分」は優先的に「残す」べきだということだ。

プロパガンダ的「たくらみ」を超えて

なお、『桃太郎の海鷲』と『新しい精神』は、一般的にはプロパガンダ映画（政治的宣伝を目的とした映画）と呼ばれているが、「人の考えを変える」「拡散力が高い」は、優れたプロパガンダ映画の要件に他ならない。

プロパガンダ映画の多くはドキュメンタリーの形式をとる。中でも歴史的によく知られているのが、元女優のレニ・リーフェンシュタールがヒトラー率いるナチスの全国党大会を記録した『意志の勝利』（35）と、同じく1936年のベルリンオリンピックを『民族の祭典』『美の祭典』の二部作で記録した『オリンピア』（38）だ。

それを踏まえて、「捕鯨反対」という特定の政治的主張が展開される『ザ・コーヴ』や、特定の政治的主張を行う人たちを露骨に〝敵〟認定する『主戦場』にプロパガンダ的な側面があるかどうかと言われれば、「ある」ことに疑いはない。

ただ、だからと言ってプロパガンダ要素が少しでも含まれているドキュメンタリーをただ敬遠するのは少々もったいない。政治的主張が露骨にせよ、巧妙に隠されているにせよ、そんな監督の「たくらみ」や「誘導さばき」自体をもうひとつ上のレイヤーから俯瞰して楽しむのが、現代におけるドキュメンタリー鑑賞の醍醐味でもあるのだから。

ドキュメンタリーが作り手の主観の産物である以上、作り手が作品に強い思想や政治的主張を込めるのは自由だが、観客がそこに「乗らない」自由も担保されているのが、真によくできたドキュメンタリーではないか。監督は時に作為的な印象操作を駆使して観客を誘導しようとする。その鮮やかな誘導さばきを心地よいと感じる観客もいれば、「はいはい、そういう意図なのね。でもその手には乗るものか」と駆け引き自体を楽しむ観客もいる。あな楽しき、監督と観客のコンゲーム《騙し合い》。

そもそも、良質なドキュメンタリーは剝き出しの政治的主張を嫌う。わかりやすいプロパガンダであることから離れようとする。あるいは、政治的主張がそこそこ露骨であっても、それ以上の娯楽性や鑑賞の醍醐味を提供することで、観客を楽しませる。

それで言うと、スパイ映画さながらのエンタテインメント性をたたえた『ザ・コーヴ』や、まるで少年漫画のような起承転結で展開を盛り上げる『主戦場』は後者の部類に入る。両作とも〝ドキュメンタリーとして観るに値する〟というのが本書の立場だ。

採用する事実は作為的に選択されている

ただしドキュメンタリーをこのように楽しむには、観客側にある程度の慎重さと、作り手の意のままに誘導されない（騙されない）だけのリテラシーが必要とされる。『主戦場』内で行われるさまざまな歴史の検証やエビデンスの提示は、あくまでデザキの紡いだ物語をスムーズに進行させるため〝選択的に〟行われたものであるということを、我々は決して忘れてはならない。

ここで少し余談を。筆者には離婚経験者の男性に匿名で離婚の顛末《てんまつ》を聞くルポルタージュの著作があるが、当然ながら、聞いた話や話された言葉をそのまま全部原稿化したわけではない。原稿に使うエピソードと使わないエピソードを、かなり強い作為のもと選別している。第1章で述べた「キャラが〝ぶれない〟よう採用する素材を慎重に選ぶ」だ。

たとえば、ある男性が元妻から精神的DVを受けて離婚していたとする。取材中、男性がその元妻について罵詈雑言《ばりぞうごん》と感謝を両方述べていたとしても、読者が受け取る男性像を「今でも妻への恨みが強く残っている人」にしたいと思えば、原稿には罵詈雑言を多めに採用する。逆に、「酷い仕打ちを受けたのに妻を恨んでいない人格者」として描写したいと思えば、感謝の言葉を多めに採用する。

本来、人間には多面性があるものだが、限られた文字数で男性の人生の〝物語〟を効率的に伝えるためには、男性の「キャラ」をある程度単純化し、ある「典型」に落とし込み、読者が一読して「こういう人間なんだ」と短時間で把握できるよう仕立てねばならない。そのためには、人間性の複雑な襞《ひだ》や微細な凹凸を、ある程度均《なら》し、一瞥《いちべつ》して補捉できる、そこそこ単純な面構成の立体物に仕立て直す必要がある。四角や三角を「丸」だと言い張るのは捏造だが、楕円《だえん》形や真円を「丸」と言ったり、二等辺三角形も正三角形も同様に「三角形」と呼んだりするのは、ことの本質を歪《ゆが》めない程度の説明技術の範囲、という理屈だ。

ただし、「三辺がすべて等しい」という事実が重要であるにもかかわらず、作り手がそれを了解した上で頑《かたく》なに「正三角形」ではなく「三角形」と呼んでいる場合、我々は作り手の「意図」を探る必要がある。その意図に明らかなる不信感が漂う場合、しばしばそれは「偏向」とも呼ばれる。ニュース番組、すなわち報道なら「偏向」は問題視される。では、そもそも作り手の意図まみれであるドキュメンタリーの場合はどうだろう。「偏向」は表現の範囲内なのか？

題材による、としか言いようがない。

ネイチャー系ドキュメンタリーのように、作り手の感性によってこのシーンを切り取ったという類いの、個人的なエッセイや映像詩のような作品の場合、事実の選択という作為性はあまり問題にならないだろう。

しかし、これが特定の人物を追いかけるタイプのドキュメンタリーになると、やや様相が異なってくる。多面的で複雑なパーソナリティの一部を切り取ってキャラ化・単純化することは、許されるのかどうか？　作り手が「いやしかし、自分は彼に対して、概《おおむ》ねこのような人間という印象を抱いたのだ」と声高に主張したとしても、その真意はわからない。「そういうキャラに仕立てたほうが、面白くなる」という発想がゼロだったとは言い切れない。無論、視聴者にある程度のリテラシーがあれば、「なるほど、作り手はこの人をそういうキャラに**仕立てたい**のだな」という態度で批評的に観ることも可能だが。

実は、この「事実の選択」がもっとも議論の対象となるのが、「歴史」を扱うドキュメンタリーだ。『主戦場』や『靖国　YASUKUNI』にも「歴史」要素は多く含まれるが、「歴史」そのものを真正面から描いたTVドキュメンタリーがある。

NHK『映像の世紀』シリーズだ。

ストーリー優先で〝枝葉〟を取り払った『映像の世紀』

ドキュメンタリーには「構成もの」と呼ばれるジャンルがある。『なぜ君は総理大臣になれないのか』（20）などで知られるドキュメンタリー監督の大島新《おおしまあらた》によれば、「過去にあった出来事について、アーカイブ映像や活字資料をふんだんに使い、関係者の証言インタビューなどを折りまぜながら表現するドキュメンタリー」のことだ。[*11]

ドキュメンタリー好きから「構成ものの国内最高峰」と呼ばれることもあるTVドキュメンタリーが、NHK『映像の世紀』シリーズである。同作は「世界中に保存されている映像記録を発掘、収集、そして再構成した画期的なドキュメンタリーのシリーズ」（公式HPより）。つまり、基本的に「この番組のために新たに撮った映像」を使わず、[*12]有り物の映像の組み合わせ〝だけ〟で番組を作っている。第1章の『アメリカン・マーダー』と同じだ。

しかも、そのような制約を自ら設けながらこのシリーズが描くのは、なんと世界の近現代史。歴史、つまり人間の営み全部である。大きく出たものだ。

1995年から1996年にかけて全11回で放送された第1シリーズ『映像の世紀』は19世紀末に〝映像〟が発明された時から1995年までの約100年間を、2015年から2016年にかけて全6回で放送された『新・映像の世紀』は西暦1900年のパリ万国博覧会から2010年代までを綴る。言わずもがな、歴史は膨大な量の「事実」の積み重ねだ。いくら『映像の世紀』が長大なシリーズとはいえ、世界中の100年間の出来事を1シリーズ数時間程度で網羅できるはずがない。ゆえに、その膨大な史実の中の大半は切り捨て、特定箇所のみピックアップして採用し、視聴者が理解しやすいストーリーを巧みに紡いでいる。

『映像の世紀』は、大きく2つのストーリーが全体の通奏低音になっている。ひとつは「同胞〝だけ〟を繁栄させたいという人間の本能」、もうひとつが「資本主義vs.共産主義の顚末」だ。『新・映像の世紀』はここに、「カネが各国の支配者を戦争に駆り立てた」「新しい映像メディアが大衆を動かして社会を変えた」というストーリーが加わる。

これら主軸となるストーリーを視聴者が見失わないための計らいとして、ストーリー展開への寄与度が低い「事実」はあえて採用されない。たとえば『映像の世紀』では、近現代史上それなりに重要なキューバ危機（1962年）やウォーターゲート事件（1972年）、ベルリンの壁崩壊（1989年）からの東欧諸国の民主化は、サラッとしか言及されない。また、日清《にっしん》戦争（1894年～1895年）には一切触れられず、日露《にちろ》戦争（1904年～1905年）も詳しくは触れない。

覚悟と勇気の産物

記録に残された個々の事実のどれを選んでドキュメンタリー本編に採用するかによって、出来上がる物語はかなり変わってくる。よって作り手は、かなり綿密かつ計画的に、確固たる方針をもってその選定作業を行う必要がある。

その方針のことを、便宜上「史観」と呼ぼう。

歴史もののドキュメンタリーにおいては、史観の設定が非常に重要である。どの事象を取り上げて「この時期の重要事件」とするのか、ある政変の原因とされるものは何なのか、何が何に影響を与えて世の中はこのように動いたのか。それをドキュメンタリー内で「言い切る」には、語り手が勇気をもって史観を設定しなければならない。

ただし、ある史観には必ずと言っていいほど、反対意見すなわち「別の史観」が提唱される。「あの要素は落とすべきではなかった」「あの要素とあの要素を関係づけるべきではない」等。つまり自らの史観を公に開陳する際には、とてつもない覚悟と勇気、そして反対意見に応じるだけの胆力を必要とする。とりわけインターネットが普及して「誰でも世界に向けて物申せる」現代においては。

45分尺で近現代史のワンテーマをコンパクトに「起承転結」に仕立てるシリーズ派生番組『映像

の世紀バタフライエフェクト』（２０２２年放送開始）は、より派手に、よりダイナミックに「事実の選択」をして史観を開陳しなければ短尺に起承転結を収められないので、「さすがにあのことに触れないのはダメなのでは？」という批判が時折入る。

そもそも歴史ほど、ネット用語でいうところの〝警察〟が多いジャンルはない。歴史マニアから専門家まで、あらゆる〝警察〟の目が光っている。インターネット上で少しでも定説と異なる史観を披露すれば、大量のツッコミが入り、場合によっては炎上する。それでなくてもあらゆる歴史語りについて「それについて語るなら、当然あれについて言及しておくべきだ」的な物申しが、どこかから、誰かから入る。

そういった意味では、ドキュメンタリーにとってもっとも難易度の高い題材は「歴史」なのかもしれない。しかもその発表メディアが、「公平中立」を旨とするＴＶの公共放送であれば、なおのことだ。

史観の設定は〝改竄〟行為である

前出のジョナサン・ゴットシャルは、この点について、かなり思い切った断言を見せる。曰く「歴史とは、現在のニーズに合うきれいに整えた物語を創るために、御《ぎょ》しにくい過去を成形し編集し改竄《かいざん》することだ[*13]」。

〝改竄〟とは穏やかではないが、要するに、二等辺三角形と正三角形の差異が重要であることを了解していながら、両方とも「三角形」と言い切ってしまい、話を進めることだ。「成形」とはよく言ったもの。

ゴットシャルが言いたいのは、こういうことではないか。ファクト（事実）の膨大な集積たる過去は、一瞥しただけでは把握も理解もしにくい。だから、枝葉は捨て、端折《はしょ》れるところは端折り、残った部分も改変したり並び替えたり整理したりする。そうやって飲み込みやすい物語に仕立て直されて初めて、過去は「歴史」として多くの人が理解できる様態になる——と。

映像だけで歴史を語ろうとする際も、ゴットシャルが言うところの〝改竄〟を必要とする。でなければ１００年の歴史を数時間で語る、喩えて言うなら「１００万語のうち99万９０００語を捨てながら、それでも物語を破綻なく、興を削《そ》ぐことなく成立させる」ことなど、原理上できっこない。

要素選別の基本方針である史観の設定も、広い意味での〝改竄〟行為だ。その意味で、『映像の世紀』も歴史を紡ぐために〝改竄〟しているし、ストーリーテリングを優先させた結果〝偏向〟と受け取られることもある。筆者個人としては、そこに明確なプロパガンダ的な意図があるとは考えないが、歴史警察よろしく「公共放送が仕込んだプロパガンダ」と考える者もいるかもしれない。

おそらく、この種の論争は絶えることがない。どんな人間も、過去の歴史を正確に、かつ間引くことなく体験・調査し「公平・中立・客観的な事実」として表現・記述するなど不可能である以上、もはや個々人が何を信仰するのかというレイヤーの話にしかなりえない。

それを踏まえると、『ドキュメンタリー・ストーリーテリング』に登場する記述「物語というのは技巧であり芸術なのです。科学ではありません」[*14]は、実に深みのある謂《いい》だ。裏を返せば、人はエビデンスに裏打ちされた科学よりも、「信じたい」と思えるほど快適で魅力的な物語のほうに飛びつく。これは、2010年代後半以降に世界中を覆った「ポスト・トゥルース」そのものだ。

巧妙なストーリーテリングを施されたドキュメンタリーは、気を抜けばすぐに安直で芸のないプロパガンダ映画やポスト・トゥルースに〝堕《お》ちる〟。そんな危険な場所に、絶妙のバランスで立ち続けなければならない宿命もまた、ドキュメンタリーの根源的な魅力のひとつであろう。

ドキュメンタリーは誕生の瞬間から「演出」されていた

ところで『映像の世紀』というタイトルは、フランスのリュミエール兄弟が映写技術を確立した19世紀末以降、人の営みが「映像」で記録されるようになった、つまり20世紀とは「映像の世紀」であった――に由来する。

本書全体の折り返し地点であるこのあたりで、先の第1章を振り返ろう。


映像で撮られたものは、あらゆるものがドキュメンタリーの材料となりうるが、それは裏を返せ

ば、「映像で撮られていないものはドキュメンタリーになりえない」ということに他ならない。つまりドキュメンタリーの題材になりうるのは、リュミエール兄弟が1895年に発明したとされる映画の原型・シネマトグラフによって「世界が映像によって記録されるようになった20世紀以降」の事象に限る、ということになる。

すなわち、ドキュメンタリーとは近現代史そのもの。20世紀は映像の世紀とも言われるが、言い換えるならばドキュメンタリーの世紀でもあったのだ。

『映像の世紀』第1集「20世紀の幕開け〜カメラは歴史の断片をとらえ始めた〜」の冒頭では、1895年に世界で初めて有料上映された実写映画『工場の出口』が流れる。監督はリュミエール兄弟の弟、ルイ・リュミエール。総尺50秒ほどのモノクロ・無声作品で、工場の出口から出てくるたくさんの労働者たちを固定カメラで撮影した作品だ。

その後、番組内では「20世紀は動く映像として記録された最初の世紀」だというナレーションが入る。壮大なドキュメンタリーシリーズの冒頭に、記録映像という扱いで『工場の出口』が紹介されている。ここから察するに『映像の世紀』は、『工場の出口』を「ドキュメンタリーの始祖」として扱っていると解釈するのが自然だ。実際、同作は「世界初の映画」であると同時に「世界初のドキュメンタリー」ともよく言われる。*15

だが、同作が本当に工場の出口前にただカメラを設置し、出てきた人をただ撮影しただけなのかどうか、つまり〝演出〟が加わっていないかについては、ひと議論ある。[*16]

映画監督の黒沢清は2018年、同作について「約50秒しかないなかで、ドアが開いて、とにかく全員を出したい――犬、少女、自転車は必ず、できたら馬車も出したい――そういう意図がはっきりと読みとれます。これが演出なのか偶然なのかという議論はほとんど意味がありません。つまり、その両方であるということです」と述べた。その黒沢の言葉に対してリュミエール研究所ディレクター、ティエリー・フレモーは「ここには確かに演出があります」と黒沢よりずっと強い断定調でその根拠をいくつか提示している。[*17]

黒沢の言う通り「演出（虚）と偶然（実）、その両方」だとするなら、「ドキュメンタリーは虚実皮膜」は、誕生の瞬間からそうだったのだ。

ストーリーテリングの作為性を自ら暴露する

本章の結びとして、『さよならテレビ』（18）にふたたび言及しておきたい。

本作の概要は、キャラ構築の側面に言及しながら第1章で述べた。東海テレビの報道部にカメラを設置し、いつもは取材する側のTVマンたちが、今回は取材される側として〝見世物〟にされるという内容だ。TVマンたちの不快感と苛立ちは、同僚である土方宏史ディレクターらドキュメンタリースタッフにぶつけられ、カメラは3人のTVマン――福島智之アナウンサー、ベテラン契約社員の澤村慎太郎記者、派遣社員の渡邊雅之記者を追いかける。3人の苦しい状況を描き込むことで、メディアの中で急速に地位が低下し、かつたびたび批判の的となっているTV局がいかに変わろうとしていないか、いかに抱えている矛盾を放置し続けているかが明らかになる――という建て付けだ。

ラスト近くで澤村記者は土方に、このドキュメンタリーの意義を問い、鋭く詰め寄る。

「そもそも、このドキュメンタリーってなんのために撮ってるんですか？」

「現実って何でしょうね、ドキュメンタリーにとって」

「成立するために現実を、なんかすごい都合よく切り取ってるというか」

その言葉を受けて、種明かしタイムがスタートし、時間が巻き戻される。

撮影初期、土方と澤村が会議室にいるシーン。土方は澤村に「怒りを出してほしいです」と、反骨ジャーナリスト的なキャラのふるまいを〝依頼〟している。澤村は苦笑しながら言う。「映りたかったらやれよっていう、静かなる恫喝《どうかつ》を」

さらに、窮乏した渡邊記者が誰かに金を借りている衝撃の瞬間を物陰から撮影していたシーンを振り返り、実は渡邊記者が金を借りた相手が土方であることが明かされる。このシーンの初出時、土方は画面に出ていなかった。というより、土方が映っている画《え》をあえて採用していなかった。なぜなら、そのほうが「仕込みっぽさが軽減される」からだ。ここには明らかに、物語をドラマチックに、視聴者を白けさせないための作為と工夫が介在していた。事実の取捨選択。それを、最後に自ら暴露したのだ。

極め付きは、編集室に設置されたマイクが拾った、土方とスタッフの会話だ。そこでは、メイン3人を愛されキャラとして視聴者に印象づけたい土方が、「イメージとしてさ、いい者と悪者を意識して分けたい」と口にする。そして〝悪者〟である報道のデスクが苛立って土方たちにキレるVTRを見て「最高なカット！」「役者揃いだよ！」と大喜びする。「全体の時系列ってのを、くっちゃくちゃにしてもいい」という編集指示も聞こえる。

なぜ土方はこのような手の内を、作為まみれであることを、わざわざ本編中で明かしたのか？ なぜ思い通りのストーリーを作るという醍醐味に〝勃起〟しているシーンまで公開したのだろうか[*18]。

土方は視聴者に対して、「仕込み」ギリギリの作りであっても、あなたたちは楽しんでいたよね？ と自信満々に詰め寄りたかったのではないか？ そういう作為的な作りのドキュメンタリーを面白がっているよね、と視聴者に認めさせたかったのではないか？ 自分たちはその罪深さを自覚した上で、腹をくくった上で、「それでも面白いもの」を作っていると言いたかったのではないか？ それがテレビ屋の矜持《きょうじ》であると言わんばかりに。

『さよならテレビ』は放送当時および劇場公開当時、「マスコミの自己批判」「ドキュメンタリー手法の自己批判」の文脈で大きな話題を振りまいた。問題提起型の傑作ドキュメンタリーであるとして、特にマスコミ同業者内での評価が高かったと筆者は記憶している。

しかし、そのようなテンプレ的な社会派気取りの態度など、土方をはじめとした当の制作者としてはさして興味がなかったのではないか。

彼らは同業者の問題意識を喚起したかったのではなく、面白がっている視聴者も時に共犯者になりうるというある種の加害者性についての告発を、作中にこっそり忍ばせたかったのではないか。意図と虚構にまみれたＴＶ番組を嬉々として見ているあなたも、我々同様に業が深いですよ、と。

土方は、『さよならテレビ』が日本映画専門チャンネルで２０２１年に放映された際の振り返りインタビューで、ＴＶやメディアを理解してもらいたいから作ったのかという問いを明確に否定して言った。

「テレビ屋なんで、一番は面白く見てほしいっていう。そこですよね。多分僕らの仕事って、ＴＶだけじゃないですけど、受け手が比較的先に来るというか。やっぱり喜んでもらいたいっていう思いが先に来ますよね。その次に多分、じゃあ自分たちが表現したいものは何か。それのせめぎ合いだと思うんですけど」「伝えたいものというところよりは、（視聴者が）何が見たいっていうところから、スタートしてるっていうのはあるかもしれないですね」

めいっぱいの作為があってこそ、ドキュメンタリーは面白くなる。『主戦場』も『映像の世紀』も『さよならテレビ』もその点は変わらない。そこを十全に自覚しつつ、かつ快楽に酔う自らの姿を晒してもなお、ドキュメンタリストは明日もまたドキュメンタリーを作り、視聴者が見たいと希求する〈魅力的な物語〉という名の禁断の果実を提供し続ける。

『主戦場』　2018年／アメリカ　監督：ミキ・デザキ
『映像の世紀』　1995年〜96年／日本　制作：NHK
『新・映像の世紀』　2015年〜16年／日本　制作：NHK
『映像の世紀バタフライエフェクト』　2022年〜／日本　制作：NHK
『さよならテレビ』　2018年／日本、劇場版：2019年／日本　監督：土方宏史

＊1　『ドキュメンタリー・ストーリーテリング［増補改訂版］「クリエイティブ・ノンフィクション」の作り方』（シーラ・カーラン・バーナード 著／フィルムアート社、2020年）

＊2　同じくアメリカの脚本家ブレイク・スナイダーは三幕構成だけでは不十分であるとして、著作『SAVE THE CATの法則　本当に売れる脚本術』（ブレイク・スナイダー 著／フィルムアート社、2010年）で物語を15の構成要素に分解し、その時間配分を脚本のページ単位で細かく記した。

＊3　『ドキュメンタリー・ストーリーテリング［増補改訂版］「クリエイティブ・ノンフィクション」の作り方』（シーラ・カーラン・バーナード 著／フィルムアート社、2020年）

＊4　同前

＊5　今村の言葉もそれを裏付ける。「海外のデシジョンメーカー（制作にカネを出すかどうかを決める立場の者）はドキュメンタリー企画の良し悪しを判断するため、『ストーリーの基本的な設定は？　主人公や主題はどのような葛藤や対立を抱えているのか？　それはどのように山場に向かって展開していくのか？　そして最終的に葛藤や対立はどう解決されるのか？』といったことを聞いてくる」（『ドキュメンタリー・

ストーリーテリング〔増補改訂版〕「クリエイティブ・ノンフィクション」の作り方』）

＊6　アクティブ・ミュージアム　女たちの戦争と平和資料館ＨＰ

(https://wam-peace.org/ifaq/ifaq-01)　より

＊7　他の批判としては、以下のようなものがある。

①デザキがインタビュー取材を申し込む際に「卒業制作」だと偽った。これは騙し討ちである

②左派には歴史や法律の専門家がたくさんいる（発言の学術的説得力が高い）が、右派には専門家と呼べる者が極端に少ない

③作品全体として両派の分断を煽る内容なのは、いかがなものか

①はともかく②に関しては、ドキュメンタリーに中立性を求めること自体がナンセンスである。本作は報道ではなく、ミキ・デザキというストーリーテラーによる〝作品〟なのだ。③についても、少なくともドキュメンタリーの定義に「分断を煽らない」は含まれていないはず。ドキュメンタリストは聖人君子ではないし、なる必要もない。

＊8　『ドキュメンタリー・ストーリーテリング〔増補改訂版〕「クリエイティブ・ノンフィクション」の作り方』（シーラ・カーラン・バーナード　著／フィルムアート社、２０２０年）

＊9　『ストーリーが世界を滅ぼす―物語があなたの脳を操作する』（ジョナサン・ゴットシャル　著／東洋経済新報社、２０２２年）

＊10　同前

＊11　『ドキュメンタリーの舞台裏』（大島新　著／文藝春秋、２０２２年）

＊12　『新・映像の世紀』には、わずかに新撮映像と思われる部分がある。

＊13　『ストーリーが世界を滅ぼす―物語があなたの脳を操作する』（ジョナサン・ゴットシャル　著／東洋経済

新報社、２０２２年）

＊14 『ドキュメンタリー・ストーリーテリング［増補改訂版］「クリエイティブ・ノンフィクション」の作り方』（シーラ・カーラン・バーナード 著／フィルムアート社、２０２０年）

＊15 改めて「広辞苑　第七版」における「ドキュメンタリー」の説明を以下に記す。「**虚構を用いずに**、実際の記録に基づいて作ったもの。記録文学・記録映画の類。実録」（傍点筆者）

＊16 なお筆者は『工場の出口』をはじめとするリュミエール作品の虚構性について、とあるクローズドな取材の場で深田《ふかだ》晃司《こうじ》監督からお聞きして初めて認識するに至った。

＊17 「キネマ旬報」（２０１８年４月下旬号）「映画の原点を、いま改めて味わいつくす!:『リュミエール!』ＤＶＤ発売記念　対談　ティエリー・フレモー×黒沢清」（キネマ旬報社）

＊18 土方のインタビューによれば、編集室の会話について土方に編集権はなく、編集マンが入れたという。「一番汚い部分というか、使ってほしくなかったとこを使ってくださいねとお願い」したそうだ。

Column 1　説明の順番

ドキュメンタリーにおいて、説明の順番は非常に大事だ。特に、そのことについてよく知らない人たちが観客・視聴者・聞き手である場合には。

ドキュメンタリストは、あるテーマ、ある事象を描くにあたり、どういう順番で描くかを意識する。何から話し始めれば、観客はこのモチーフに最短時間で興味を持ち、理解を深め、満足してくれるか？　落語のマクラや芸人のエピソードトークの例を出すまでもなく、話の上手い人というのは、イコール、物事を正しい順番で説明できる人のことだ。

あなたが小学校の先生だとしよう。相手は10歳か11歳。その児童たちに「所得税」の仕組みを説明しなければならないとする。さて、何から説明するか。

大人が相手なら、「収入から必要経費や決められた控除額を差し引いた額にかかる税金」でいいが、子供に対してそうはいかない。

①まず、この社会には「税金」という制度があり、これがなければ道路や橋もできないなど、社会が回っていかないことを説明する。

②次に、税金には色々な種類があり、その中の所得税を納める義務があるのは収入のある人たちであること、収入の多い人ほどたくさん納める必要があると説明する。

③最後に補足として、「必要経費」や「控除」について説明する。

ドキュメンタリーも同じだ。

『映像の世紀』には「世界恐慌」「ベトナム戦争」「ベルリンの壁崩壊」といった、大人なら誰でも耳にしたことのある出来事がいくつも登場するが、それらが「なぜ」起こったのかを的確に説明できる者は、意外に少ないのではないか。Wikipediaには詳しく書いてあるが、詳しすぎて直感的に流れを把握するのが難しい。

しかし同シリーズは、実に適切かつ簡潔な順番で映像を提示してくれる。所得税で言うところの「この社会には税金という制度があり……」から丁寧に説明を始めてくれる。近現代史の授業やWikipediaで過去何度も挫折した人でも、ちゃんと集中して見れば「世界恐慌」や「ベトナム戦争」や「ベルリンの壁崩壊」がどうして起こったのかを——小学生が所得税を理解するごとく——理解できるようになっている。

的確な説明の順番により、視聴者は学校で散々暗記させられた「○○事件」「△△戦争」といった歴史上のイベントが決して独立的・単発的に発生しているわけではないという、当たり前の事実を再確認する。「歴史とは、分割できないひとつの巨大な立体構造物である」ことに気づく。視界にあるすべての点同士が線で繋がる。

喩えるなら、都市の移動に電車しか使っていなかった人が、自転車移動という手段を発見したようなもの。「降車駅の駅前」という〝点〟でしか認識していなかった色々な街を、自転車で移動するようになった途端、街と街の境が単なる行政上の区分にすぎないことを、体感を伴って認識する。街と街の間に継ぎ目などなく、あらゆる場所はシームレスにひと続き。この世界を「ある単一の構造体」として一斉に把握できるようになる。

何より重要なのは、「繋がっている！」「把握した！」と心から納得できると、大きな快感を得られるということだ。あれもこれも、すべてが無関係ではない。この世界は驚くほどシンプルな「何か」によって貫かれている。それに気づく愉悦を味わえるかどうかは、説明の順番にかかっている。

要は、話が面白い人かどうか、ということだ。

森達也は「撮る前に事前の取材は重ねている。

ある程度の構成も頭にある。でも、いきなり結論を呈示しては作品としては成立しない。撮影と発見が並行する形で、事前の取材を通して僕が体験した経過を、もう一度映像の形で反復せねばならない」*と述べている。

あるドキュメンタリーで行われている説明の順番とは、すなわち、その制作者がどのようなプロセスをたどって作品の結論に達したかを示す、思考の足跡のようなもの。説明の順番が適切なドキュメンタリストは、きっとトークも上手いに違いない。

＊『ドキュメンタリーは嘘をつく』（森達也 著／草思社、２００５年）

第6章

脚注としてのメイキング

庵野秀明の奇人性と天才性

メイキングドキュメンタリーというジャンルがある。ある映像作品の監督や制作現場に密着した実録のことだ。大方《おおかた》は「作品の完成」というシンプルなカタルシスが最後に用意されているため、込み入った問題提起からスタートする社会派ドキュメンタリーなどに比べれば、比較的「見やすい」部類に入ると言えるだろう。

『さようなら全てのエヴァンゲリオン～庵野秀明《あんのひであき》の1214日～』は、2021年3月8日に公開されたアニメーション映画『シン・エヴァンゲリオン劇場版（シン・エヴァ）』の制作過程を追ったメイキングドキュメンタリーだ。2021年4月29日にNHK BS1で放送されたものだが、基になっているのは、同年3月22日にNHK総合で放送された『プロフェッショナル 仕事の流儀 庵野秀明スペシャル』である。75分の尺だった『プロフェッショナル～』に未放送シーンを追加、再編集を施して100分尺（各50分ずつの前後編）に拡大したのが、『さようなら全てのエヴァンゲリオン』だ。

『シン・エヴァ』は、四半世紀以上にわたって続いた『エヴァンゲリオン』シリーズの完結編だが、前作『ヱヴァンゲリヲン新劇場版：Q』（12）の公開からは、なんと9年も空いている。すなわち『シン・エヴァ』がいかに〝難産〟の代物であったかは、ファンにとっては百も承知。その制作過程が見られるとあって、『プロフェッショナル〜』への注目度は放送前からかなり高かった。

また、本作は『シン・エヴァ』のメイキングドキュメンタリーであると同時に、同作の総監督である庵野秀明を4年にわたって追った人物ドキュメンタリーでもあった。そのことは、『プロフェッショナル〜』という番組が、毎回ひとりの仕事人を取り上げる人物ドキュメンタリーであることからも明らかだ。

撮影初日、庵野にカメラを向ける番組ディレクターに「こっから撮ってもしょうがない」と笑顔で言い放つ庵野。

ディレクターから「(『シン・エヴァ』に)思い入れみたいなものは」と聞かれても、食い気味に「ない」と即答する庵野。

『シン・エヴァ』スタッフからのクリエイティブ上の確認に「わかんない」と答える庵野。

スタッフが出してきたアクションシーンの3Dレイアウトを「いいところがひとつもなかったから、コメントのしようがないです」と全否定する庵野。

自ら書き上げた脚本を、スタッフの反応がいまいちだったからと「ゼロから書き直す」と宣言する庵野。

異常な偏食家で、「大人になり損《そこ》ねた人」(スタジオジブリ　鈴木敏夫《すずきとしお》プロデューサー談)で、「知らないものに対する警戒心がすごく強い」(妻の安野《あんの》モヨコ談)庵野。

このように、視聴者は庵野の奇人性・天才性をエンタテインメントとして大いに楽しむことができる。人物ドキュメンタリーとしては十分すぎるほどの「面白さ」をたたえた内容だ。

メイキングは本編の脚注、ドキュメンタリーは現実の脚注

ただ、本書ではもう一方、「メイキングドキュメンタリー」側の意義をもう少し突き詰めてみたい。具体的には、メイキングによって本編の理解が深まる効能についてだ。

そもそも『エヴァンゲリオン』というシリーズは、一貫して父（碇《いかり》ゲンドウ）と子（主人公：碇シンジ）の関係性を描いた物語だった。SFロボットアニメになぜそこまで父子関係を持ち込むのか？『さようなら全てのエヴァンゲリオン』では、事故で片足を失《な》くした自分の父に対する庵野の心情が本人によって語られ、それが作品解読のヒントにもなっている。

庵野の父のことは、『エヴァンゲリオン』という作品だけを観ていては得られない情報だ。しかしその情報あってこそ、作品の本質に――情報がまったくないよりも幾分かは――接近できる。

書物に喩えるなら、作品が本文、メイキングによって与えられる情報は脚注にあたるだろう。その心は、「本文だけでも内容は完結しているが、脚注を読み込むことによって本文の理解が格段に深まる」、あるいは「読者が本文を難解だと感じた場合に、脚注の助けによって本文をなんとか読み進められる」といったところ。『さようなら全てのエヴァンゲリオン』というドキュメンタリーは、『エヴァンゲリオン』シリーズ全体に対する脚注の役割を果たしている。

喩えついでに、もう少し飛躍しよう。脚注が本文への理解を深めるように、メイキングが作品への理解を深めるならば、こうも言えないだろうか。

現実世界の脚注こそがドキュメンタリーである、と。

たとえば、ある社会問題（医療事故でも、貧困家庭でも、なんでもいい）を追跡したドキュメンタリーを想像してみる。その問題自体は、数年前からたびたび新聞やニュースなどで取りざたされている。ただ、報道はあくまで〝点〟だ。何か具体的な事件や法改正などが発生したときに、単発ニュースとして都度報じられるだけ。問題の大きな流れや全体像は把握しにくい。ことの本質を理解するには、情報出しが散発的すぎるのだ。これは、書物で言うところの「理解しにくい本文」にあたる。

理解を助けるべく存在するのが、その社会問題を扱ったドキュメンタリーだ。問題を整理し、構図を明確化し、論点を抽出し、目の覚めるような視座を設定し、視聴者の体系的・全体的な把握を助ける。本文の理解を深める脚注の役割そのものだ。

なぜ「僕を撮ってもしょうがない」のか

実は『さようなら全てのエヴァンゲリオン』は、番組の「中」でも「脚注的な役割こそがドキュメンタリーの本分である」と自己言及している。そのナビゲーター役は被写体でもある庵野秀明自身だ。

　庵野は、密着取材が始まってしばらくたった頃に、撮影を不安視していると声を上げる。番組チーフプロデューサーの前で庵野が漏らした不満は、こんな感じだ。

「僕を撮ってもしょうがないときに、僕にカメラが向いてるのが気になる」「（僕が）いかに特殊なことをしてるのかっていうのは、僕はわかっているので、僕を撮ってもしょうがない。僕の周りにいる人が困ってるのがいいわけですよ」

　これは、ドキュメンタリーの真髄を理解する者による、見事なダメ出しだ。

　タイトルが『プロフェッショナル　仕事の流儀　庵野秀明スペシャル』である以上、ディレクターの狙いは庵野であり、庵野もそれを承知している。しかし被写体の本質を炙《あぶ》り出そうとする際に、被写体の発言だけに頼っていては、何も見えてこない。庵野はそこを危惧したのだ。

　ある人間について知る最良の方法は、本人に自己紹介してもらうことではなく、彼の周囲の人間に「彼はどんな人物か」を（彼のいない場所で）語ってもらうことである。それゆえ庵野はこうも言う。

「僕が何をしてるか直接見せるよりは、周りで起こってることで僕が何をしているか見せたほうが面白いと思う」

　これは映像演出の基本だ。特定の状況が「どえらい」ことを伝えるには、それそのものを撮るよりも、それを見ている人のリアクションを撮るのが正しい。割れた花瓶がいかに高価だったかを伝えるには、花瓶の割れる瞬間を高速度カメラで撮る……のではなく、砕け散った破片を前に花瓶の持ち主が肩を落としている姿を撮るべきなのだ。劇映画だろうが、ドキュメンタリーだろうが、お笑い番組のドッキリだろうが同じ。

難解な本文（庵野自身）を深く理解したいなら、本文の文字列をどれだけ凝視しても意味はない。さっさと脚注（周囲の人間）に視線を移動すべきなのだ。

同じことは、『エンディングノート』の監督・砂田麻美がスタジオジブリを題材にしたドキュメンタリー『夢と狂気の王国』（13）にも言える。同作では『風立ちぬ』（13）制作中の宮崎駿《みやざきはやお》監督にカメラが向けられるが、宮崎自身による発言の多くは、やや文学的で、婉曲《えんきょく》的で、抽象的で、説教臭い。その言葉そのものから宮崎のパーソナリティはつかみにくい。

それよりも、周囲の人間の宮崎評のほうがずっと宮崎の人間性を把握する一助となる。たとえば、あるスタジオジブリのスタッフの宮崎評。

「宮崎さんの要求に応え続けてるうちにくたびれてしまう人はいると思うし、要求に応えきれずに脱力してしまうっていうか、だめだったたって挫折しちゃう人もいるかな」「自分を守りたい人は（宮崎の）そばにいないほうがいいかもしれない」

さらにカメラは、同社・鈴木敏夫プロデューサーと『風立ちぬ』で主人公の声を担当した庵野秀明（若手時代に宮崎の『風の谷のナウシカ』のスタッフだった）との会話を捉える。

鈴木「人のエネルギーを自分のエネルギーに変える天才」
庵野「昔からそうですからね。（略）宮さんにとってはあらゆるスタッフが下駄《げた》だから」
ここでの庵野は『さようなら全てのエヴァンゲリオン』とは逆に、宮崎の脚注役に回っている。

本編を観ないでメイキングだけを見るということ

ところで、メイキング映像と聞くと、2000年代に普及したDVDの「特典映像」をまず想起する映画ファンやアニメファンも多いだろう。何千円もするDVD（あるいは後年のブルーレイ・ディスク）を購入するほどの作品ファンであればこそ、本編を味わうだけでは物足りない。作品をさらに腑分けしたい、舐《な》め尽くしたいと願う。それに応えるべく用意されたオプションであり、付録であり、いわば「上級編」のような存在がメイキングだ。

その流れは現在でも健在だが、一方で昨今はこういう考え方もある。

「脚注を熟読することで本編の本質が理解できるなら、脚注だけ読むのもアリではないのか？」

要は、本編を観ないでメイキングだけを見る、という楽しみ方もありうるのではないかという話だ。

そんな馬鹿なことはありえない、と思われるだろうか。しかし実際のところ、『さようなら全てのエヴァンゲリオン』は『シン・エヴァ』本編を観ていなくても独立的に楽しめる作りになっている。

　そればかりか、この1本さえ見れば、「庵野秀明とはこんな人間」『エヴァンゲリオン』とはこういう作品」がまあまあ理解できてしまう。『シン・エヴァ』が未見であっても、『シン・エヴァ』鑑賞者とある程度の会話ができてしまう。

　実はTVお笑いの世界に、似たような構図がある。お笑い芸人の本分は言うまでもなく「ネタ（芸）の披露」だが、それらは舞台もしくはネタ番組でしか見ることができない。しかし舞台を見に行くのはそれなりのファンに限られる。ネタ番組も、賞レースや年末年始特番を除けばかつてほどは多く放送されていない。

　そんな中、お笑い好きがよくチェックする『水曜日のダウンタウン』（TBS系）や『ゴッドタン』（テレビ東京系）という人気番組がある。これらはお笑い芸人を全面フィーチャーするバラエティ番組だが、その企画の多くは、ネタ〝以外〟で芸人の面白さを引き出す性質のものだ。

　ネタを演《や》る芸人という「本体」に対して、この2番組は彼らの面白さをネタ〝以外〟で説明する「脚注」の役割を果たしている。結果、「その芸人のネタを見たことはないが、その芸人がどう面白いかはだいたいわかっている」という視聴者の存在は珍しくなくなった。

　また、漫才コンテストである『M－1グランプリ』本体の視聴より、『M－1グランプリ』の裏話を漁《あさ》るほうが楽しいという視聴者もいると聞く。裏話とは、決勝進出コンビの苦労話や彼らによるＭ－１体験記、あるいは審査員による採点に関する議論など。言ってみれば「Ｍ－１グランプリのメイキング」だ。本体／本文（ネタの披露）とメイキング／脚注（裏話）の主客が転倒している好例である。

脚注を少々つまみ食いした程度で、本体の何を語れるものか――と憤慨するなかれ。脚注に本体のエッセンスが凝縮されていれば、あるいはそこに相応の考察や示唆が加えられていれば、本体を「味わった」と言えなくもない。

それは、「ゲームはあまりしないがＹｏｕＴｕｂｅなどでゲーム実況は見る」というユーザーが一大市場を作り上げている現実や、「野球の試合観戦はしないが、スポーツニュースのハイライト映像と試合結果は好んで見る」勢が特に非難されない状況を前にすれば、ある程度呑《の》み込める話だ。ゲームそのものの魅力は実況者の巧みなプレーと軽妙な解説トークによって余すところなく伝えられるし、野球の試合も選び抜かれたハイライトシーンをチェックすることで展開はちゃんと把握できる。

あえて不埒《ふらち》な言い方をするなら、メイキングを見ることで本体のエッセンスを手っ取り早く、効率良く摂取できるということだ。これは昨今ＹｏｕＴｕｂｅでよく見られている「解説動画」の役割に近いものがあるだろう。「解説動画」とはその名の通り、長大・難解なアニメシリーズや読み通すのに骨が折れる文学作品などを短い動画でわかりやすく解説するものだが、視聴者の一定数は動画視聴だけで満足して終わる。彼らは本編を観ることも本を読むこともない。

『シン・エヴァ』自体が壮大な脚注だった

『さようなら全てのエヴァンゲリオン』には、ひときわ印象的な場面がある。総監督である庵野が書いたDパート（映画の最終パート）の脚本に関して、監督の鶴巻和哉《つるまきかずや》が「もうちょっとわかりやすくしないと観客が戸惑う」といった主旨の意見を述べるくだり。要は脚本がわかりにくい、という異議申し立てだ。

それを聞いた庵野は、困惑の表情を見せながら言う。

「僕としては、もうちょっと理解されてると思ってた。それがまったく理解されていないっていうのがわかったから、困ったなと」

後日、庵野が書き直した脚本を受け取ったスタッフのひとりが言った。「わかりやすくしてくれてると思いました」

実際『シン・エヴァ』の古参ファン評は「今までのエヴァンゲリオンの中で一番わかりやすかった」だ。TVシリーズは非常に謎多き作品で、ほとんどの謎が解かれないまま最終回を迎えている。そのTVシリーズをリビルド（再構築）した新劇場版の最初の3作でも、TV版の謎は解かれるどころか、さらなる謎が積み増しされた。

しかし満を持して登場した4作目にして完結編の『シン・エヴァ』では、謎が100％解き明かされたとは言えないものの、終盤では登場人物ひとりひとりが自分の気持ちを言葉ではっきりと説明していた。「こんなに説明的なエヴァは初めてだ」と驚いたファンも少なくない。

その意味で『シン・エヴァ』本編は、それ自体が、四半世紀にわたる『エヴァンゲリオン』シリーズの壮大な脚注であった、と言えるのかもしれない。

ちなみに庵野は『さようなら全てのエヴァンゲリオン』の中で、ドキュメンタリー取材を承諾した理由をディレクターにこう語っている。

「面白いですよっていうのをある程度出さないと、うまくいかないんだろうなっていう時代かなって。謎に包まれたものを喜ぶ人が少なくなってきてる」

自作についての親切な「脚注」を、ドキュメンタリーという形でＮＨＫに作らせた、というわけだ。

一番大事な部分には脚注をつけない

本章冒頭で、本作は『シン・エヴァ』のメイキングドキュメンタリーであると同時に、庵野秀明という人物のドキュメンタリーでもあると述べた。前者は紛れもなくその通りだ。脚注としての要件は満たされている。

しかし後者はどうか。確かに庵野の奇人ぶりと天才性は画面に現れていた。庵野の生い立ちは語られた。周囲の人間による庵野評も十分に集まっていた。番組の「面白さ」は十分だ。だが、芯を食うギリギリのところで、何かが阻止されている印象を拭えない。

庵野が肝心なことを2つ、語っていないからだ。

ひとつめ。「自分の外にあるもので表現をしたい」と語る庵野は、その理由を「肥大化したエゴに対するアンチテーゼかもしれない。アニメーションってエゴの塊だから」と説明する。ここでディレクターは「何でそう思われたんですか？」と質問するが、庵野は笑顔で「内緒」と答える。ディレクターは「それが一番重要かと思ったんですけど」と食い下がるが、庵野はやはり「重要だから内緒なの」と言って答えようとしない。

ふたつめ。庵野はこんなことを言う。「僕がやりたいことをやりたいわけじゃない。こうしたらこの作品が面白くなると思うから、僕はこうしたいっていうだけで」

自分がどうしたいかをわがままに実現しようとするのがクリエイターの本分だと思っていた視聴者は、ここで混乱する。

庵野は続ける。「僕が中心にいるわけじゃなくて、中心にいるのは作品なので。作品にとってどっちがいいかですよね」。そう、一見して「わがまま」「自分勝手」に見えていた番組内での庵野の奇人的ふるまいは、実は「わがまま」でも「自分勝手」でもなかった。信じがたく高い達成目標が設定された、観客に対するサービス精神の表れだったのだ。

庵野は最後まで、「本当に自分がやりたいこと」を一切口にしない。そう簡単に自分を出さない。

でも、むしろそれは誠実な態度だ。小説の一番いいシーンの一番いいセリフの傍《かたわ》らに「＊」がついていて脚注に飛ばされ、「このときの主人公の気持ちは……」などと説明されたら、興醒《ざ》めも甚《はなは》だしい。

一番大事なところには脚注をつけない。つけるべきではない。きっとそれは真実なのだ。しかしそうなると、現実の脚注たるドキュメンタリーとは一体なんなのだろうか。幾重もの示唆が押し寄せてやまない。

物議を醸した『ジブリと宮﨑駿の２３９９日』

２０２３年12月16日にＮＨＫ総合で放送された『プロフェッショナル　仕事の流儀　ジブリと宮﨑駿の２３９９日』も『さようなら全てのエヴァンゲリオン』と同様、同年夏に公開された宮﨑駿監督作『君たちはどう生きるか』の脚注として機能した。が、別の物議も醸した。脚注たるメイキングドキュメンタリーが、『君たちはどう生きるか』の核の部分の解釈をあまりにも断定しすぎていたのだ。アニメ・特撮研究家の氷川竜介《ひかわりゅうすけ》は、界隈のモヤモヤを簡潔に代弁した。

（『プロフェッショナル　仕事の流儀　ジブリと宮﨑駿の２３９９日』は）綿密な取材の力作なのだが、作中に登場する大伯父を、宮﨑駿監督の先輩であり師であり仲間である故・高畑勲《たかはたいさお》がモデル

であると「結論ありき」の構成をとっていて、その「正解」へ誘導しようとしている。ポロッと宮崎駿が漏らした言葉を手がかりに、巧みな映像編集によって「高畑への思慕」の数々を接着した結果、あたかもこの新作が、その動機で制作されたような印象を操作するのは、物語の趣旨に沿ったことなのだろうか。【氷川竜介の『アニメに歴史あり』】第49回　アニメの描く『物語』の本質が問われた西暦2023年」（アニメハック）、2023年12月30日配信）

無論、ある作品をどのように解釈するかなどは鑑賞者の勝手である。ある作品についてのドキュメンタリーであれば、その監督の勝手であるとも言える。しかし、それでは割り切れない事情が同作にはあった。

まず、『ジブリと宮崎駿の2399日』を手掛けたNHKのディレクターは2006年からスタジオジブリに「書生」として特別に出入りを許されている人物で、長期にわたり宮崎の近くに居続けているという。同作についても、タイトルに謳《うた》われている「2399日」、つまり6年半という異例の長さで密着を許されていることからも、非常に「身内感」が濃く、「第三者感」が薄い。そういった人物がスタジオジブリと宮崎の〝お墨付き〟で作ったドキュメンタリーとなれば、そこで主張されている作品解釈に〝公式が認めた正解〟臭が帯びてしまうのは回避できない。

本作が公共放送たるNHKで制作・放送されている点も、〝公式〟感を強めている。無論、NHKだろうが民放だろうが、作られるドキュメンタリーは監督の意図まみれであることに変わりはない。しかし、一般的な、あくまで一般視聴者の認識としては、「NHKの番組」には「民放の番組」に比べて、「公式お墨付き度」が高いイメージを帯びる。「一定以上のちゃんとしたものを作っている＝中立性が担保されている（はず）」というイメージだ。こと政治絡みであれば与党への忖度云々《うんぬん》という話にもなろうが、いちアニメスタジオの制作するアニメ作品の解釈について、まさか〝偏向〟があるなどとは考えない人のほうが、世の中には多いのだ。

作り手は本当のことなど言わない？

ただ、番組が示した作品解釈の妥当性を論じるのは視聴者の自由であるとして、ひとつ注意しなければならないことがある。

実は「大伯父のモデルは高畑勲」の出どころは、スタジオジブリの代表取締役議長にして『君たちはどう生きるか』のプロデューサーである鈴木敏夫の発言であり[*1]、それがこれ以上ない〝公式感〟を担保しているのだが、そもそも作品の作り手（監督は宮崎だが、プロデューサーという立場ゆえ、鈴木も作り手の側である）が真実を述べている保証など、どこにもない。小説家であれ漫画家であれ映画監督であれ芸術家であれ、自分の発言によって聴衆を煙《けむ》に巻くほうが「面白い」と感じるのが、むしろ彼らの性分なのではないか。

ドキュメンタリストが被写体や観客に「仕掛け」、時に「騙し」、体よく「共犯関係」を結ぼうとするように、作り手と呼ばれる人たちは、しばしば嘘をつく。それも込みで表現活動なのだ。

だからこそ、庵野は重要な質問に答えなかった。おそらく、明示的に嘘をつきたくなかったからだ。宮﨑も文学的・婉曲的・抽象的な物言いで相手を煙に巻いた。韜晦《とうかい》術以外の何物でもない。

だいたい鈴木は、『ジブリと宮﨑駿の２３９９日』放送2日後に行われたインタビュー[*2]でインタビュアーから、「このタイミングで放送されることを鈴木さんは知っていたんですか?」と聞かれて、「僕は一切知りませんでした。不意打ちです」と答えている。

怪しい。スタジオジブリの代表たる者が、スタジオジブリについてのＮＨＫドキュメンタリーの放送日を事前に知らなかったなどということが、本当にありうるのだろうか? あるいは放送前には当然知っていたが（スタジオジブリの公式ＨＰでは、放送前日の12月15日にアナウンスされている）、それを知らされたタイミングが、鈴木が考えるよりずっと「急だった」ということだろうか。

それにしても、「僕は一切知りませんでした。不意打ちです」は、読者を煙に巻くには十分すぎるほど含みのある言い方ではないか。この手のインタビュー原稿は鈴木自身がチェックしていると考えるのが自然である。実際の発言がどうだったかはともかく、この原稿が世に出ることを鈴木は確かに承知した。

「仕掛けてくる」のは決してドキュメンタリストだけではない。被写体たるクリエイターと呼ばれる職種の人たちもまた、仕掛けてくる。時に嘘としか言いようのない弾幕を張ってくる。クリエイターに密着したドキュメンタリーというのは、それくらい狐《きつね》と狸《たぬき》の化かし合いなのだ。見世物としては最高である。

『さようなら全てのエヴァンゲリオン
～庵野秀明の１２１４日～』　２０２１年／日本　制作：ＮＨＫ

『夢と狂気の王国』　２０１３年／日本　監督：砂田麻美

『プロフェッショナル　仕事の流儀
ジブリと宮﨑駿の２３９９日』　２０２３年／日本　制作：ＮＨＫ

＊1　「ＳＷＩＴＣＨ　Ｖｏｌ．41　Ｎｏ．９　特集　ジブリをめぐる冒険」（スイッチ・パブリッシング、２０２３年8月20日刊）

＊2　「『本当は10年かけたかった』鈴木敏夫プロデューサーが語る、宮﨑駿最後の長編の〝反作用〟＃ニュースその後」（Ｙａｈｏｏ！ニュース　オリジナル　特集、２０２４年1月8日配信）

第7章

「お笑い」との構造的酷似①

関与、悪意、視点の設定

関与型ドキュメンタリーとしての『水ダウ』

ダウンタウンの冠番組『水曜日のダウンタウン（水ダウ）』は、2014年4月からTBS系で放送中（2024年8月現在）のバラエティ番組だ。その基本フォーマットは、芸人を中心とした芸能人に仕掛けるハードめで凝《こ》ったドッキリ。バラエティ番組の中でも、かなり〝作り込んだお笑い〟に寄った構造を特徴とする。

番組HPに書かれている内容はこうだ。

芸能人・有名人たちが自分だけが信じる〝説〟を
独自の目線と切り口でプレゼン
その〝説〟についてVTRで…
またはスタジオメンバーとのトークで…
検証を行っていく番組

ただし「〝説〟の検証」は形式的なフォーマットにすぎず、その実はなんでもあり。「芸人を強制拉致・監禁して過酷なチャレンジを強要する」「男性芸人の部屋に見知らぬ人間を潜ませ、帰宅した彼に恐怖を味わわせる」「先輩芸人が後輩芸人に理不尽にキレたらどういう反応を示すかを観察する」など。ターゲットを芸人あるいは少々無礼を働いても差し支えない芸能人に絞っているだけに、その鬼畜度は非常に高く、やりたい放題だ。

本章では、「『水ダウ』の本質はほぼドキュメンタリーである」という話をする。

やぶから棒に何を、とお思いだろうか。

森達也は、1998年に制作したTV番組『職業欄はエスパー』について後年、同作が収録されたDVDに封入のブックレットで、被写体である自称エスパーと揉《も》めたことを振り返りながら、ドキュメンタリーの撮影についてこんなことを言っている。

「被写体をフラスコの中に入れて、振ったり熱したり触媒を加えたりという作為によってどのように変化するのか、あるいはしないのか、その過程を作品にする。挑発したり誘導したり怒らせたり」*1

第2章でドキュメンタリーには「関与型」と「非関与型」、大きく2つの種類があると述べた。前者は被写体に働きかけることによって発生する状況や反応を記録するもの。後者は極力関与しない状態で観察・記録に徹するものだ。森は『職業欄はエスパー』について、すべてのシーンを〝仕掛けた〟と語っていることからも、圧倒的に前者、「関与型」のドキュメンタリストである。

被写体に積極的に関与し、仕掛け、その反応をカメラに収める――これは完全に「ドッキリ」と同じアプローチである。

「ドキュメンタリーとバラエティ番組の企画を一緒にするな」という声が聞こえてきそうだ。しかし森は、1990年代に一世を風靡《ふうび》した『進め!電波少年』(日本《にほん》テレビ系)のドキュメンタリーバラエティ(猿岩石《さるがんせき》の「ユーラシア大陸横断ヒッチハイク」など)を楽しんで見ていたと自著で述懐する。「あんなお笑いにドキュメンタリーのような呼称をつけられて腹は立たないのですか?」と聞かれることもあったそうだが、腹など立たないという。[*2]「ドキュメンタリーはそのテーマでカテゴライズされるジャンルではない」「土屋《つちや》(敏男《としお》/『進め!電波少年』プロデューサー)の番組が**ドキュメンタリーとして**面白い」[*3](傍点筆者)という森は、「目指すものが笑いであれ、怒りであれ、告発であれ、あるいは涙であれ、ドキュメンタリー的というのは即《すなわ》ちドキュメンタリー」[*4]だと言い切る。ドキュメンタリーとは、ジャンルではなく手法なのだ。であればこそ、お笑いも、第9章で述べるプロレスも「ドキュメンタリー」だ。

ちなみに件《くだん》のブックレットにおける森の対談相手は、ベテランお笑い芸人の東野幸治《ひがしのこうじ》である。東野と言えば、トーク番組などでのぬるい予定調和的な展開を嫌い、絶妙な意地悪ワードをゲストにぶつけることで動揺させ、場をかき混ぜる腕に長けた芸人だ。まるで、ある種のドキュメンタリストのようではないか。

その東野はドキュメンタリーが大好きだという。

「ぼくは職業柄ツッコミをやることが多いから、(フィクションのような)作りものよりも、やっぱり生身のものに惹かれてしまう。つい『なに言うてんねん!』ってなるような……そんなところも

ドキュメンタリーが好きな理由ですね」[*5]（カッコ内は筆者による追記）

「問いの立て方」としての〝説〟

『水ダウ』が言うところの〝説〟は、ドキュメンタリーで言うところの「撮る動機」あるいは「問い」そのものだ。

視聴者を引き込むドキュメンタリーは、まず「問い」の立て方が上手い。第2章で述べた、「その題材が取り扱われているというだけで、あるいは視点が〝そこ〟に設定されているというだけで、多くの視聴者に『面白そうだ』と思わせる」というやつだ。

『水ダウ』の〝説〟は「問い」の簡潔な言語化である。TV番組においてそれは企画概要とでも呼ぶのかもしれないが、とにかく「動機」であれ「問い」であれ「説」であれ「企画」であれ、『水ダウ』は問いの時点で興味を惹かれる。

どうしようもなく不仲の超ベテラン漫才コンビおぼん・こぼんに対し、番組が「和解」をアプローチする実録シリーズ[*6]。江戸幕府第15代将軍の徳川慶喜《とくがわよしのぶ》を実際に目撃した存命人物を探す「徳川慶喜を生で見た事がある人　まだギリこの世にいる説」[*7]。いずれも字面の時点で大きな興味を惹かれる。要は「面白そう」なのだ。

『ドキュメンタリー・ストーリーテリング』の書籍冒頭、イントロダクションの2ページ目には、早くもこんな記述がある。

「（ドキュメンタリーとは）観客がその映画を見るまでは気にも留めなかったトピックについて、考えずにはいられなくしてしまう」

それで言えば、徳川慶喜を生で見た事がある人に語らせることで、この現代社会がシームレスに「徳川の治世と繋がっている」事実を認識させたのも、『水ダウ』の所業のひとつだ。

『水ダウ』は「問い」の中でしばしば、自分たちが身を置くTV業界を自虐的あるいは露悪的に弄《いじ》る。

たとえば、名の知られていない女性タレントに偽の番組オーディションを仕掛けた「〇〇タレントヤリにいってる説」。オーディションに受かるためには「霊感が強い」「汚部屋アイドル」「不思議ちゃん」といったキャラが〝乗って〟いなければならないが、そもそも彼女たちにそんな属性はない。しかしTVに出たい彼女たちは、そのキャラを強引に乗せてオーディションに出る。業界用語で言うところの「ヤリにいってる」というやつだ。自己批判と惨めな人間に対する嘲笑がないまぜになった、複雑な味わいのある企画だった。

芸人たちにでっち上げの「罰ゲーム講習会」を受けさせ、そのライセンスを取得した者だけがバラエティ番組で罰ゲームを受けられる……とコンプライアンスを盾に芸人たちを騙す企画や、街ロケに繰り出した若手芸人コンビに対して、現場スタッフが滑稽なほどに過剰な「コンプライアンス遵守《じゅんしゅ》」を求めるドッキリ企画は、制作者サイドの心の叫びだ。TVが昔ほど「やんちゃ」ではないことに窮屈さを感じているTVマンたちが、しかし世情的に声を上げることはできない状況下、そのもどかしさを企画に仮託したというわけだ。

視聴者との共犯関係

こういったTV業界弄りの極みとも言えるのが、2023年12月20日に放送された「怪しい自称プロデューサーから〝100万円払ったら『水曜日のダウンタウン』に出してあげるよ〟と持ち掛けられ、ホントに払ったヤツがホントに出演できるホントドッキリ」である。もはや読んで字のごとくだが、ターゲットになった無名の女性タレントは実際にプロデューサーに100万円を払って『水ダウ』にゲストとして登場。視聴者からは「本当にありそう」などと大きく話題になった。

仕掛け役であるプロデューサーを迫真の芝居で演じたのは一般的にはあまり顔の知られていない俳優だったが、肝《きも》はプロデューサー飲みで脇を固める、番組協力者たる芸能人のメンツである。男性モデルのアレクサンダー、お笑いコンビ・マテンロウのアントニー、格闘家の皇治《こうじ》、そしてSDN48の元メンバーでタレントの芹那《せりな》。この布陣、この人選の絶妙さに『水ダウ』一流の〝悪意〟が煮詰められていると言っても過言ではなかった。

元AKB48の川崎希《かわさきのぞみ》を妻に持ち、自らは「働かないヒモ」の〝イメージ〟が浸透しているアレクサンダー。

アフリカ系アメリカ人の父親を持つ容貌にして『水ダウ』のドッキリ常連、飲み会の盛り上げ役としてノリが良さそうな〝イメージ〟のアントニー。

売れっ子格闘家として「羽振りが良さそう」「夜の街である程度顔が売れてそう」「ダークなコネクションが多そう」な〝イメージ〟の皇治。

そして、2010年代前半にはドラマやバラエティに出ずっぱりだったものの、2010年代後半から急激に露出が減った芹那。彼女はかつて、数々の著名男性芸能人との交際疑惑が報じられ、「金と権力のある男性に持ち前の〝あざと可愛さ〟ですり寄っていた過去がある」という〝イメージ〟がある。

番組側はこのキャスティングについてなんの説明もしていない。いずれも芸能ゴシップに通じた視聴者が持つ〝イメージ〟であり、一定以上の知識とリテラシーのある視聴者だけが、勝手に彼らの〝イメージ〟でキャスティングに納得する。視聴者の芸能リテラシーが高ければ高いほどキャスティングの説得力が増す、という見事な仕掛けだ。

番組側の〝意図〟に気づけた視聴者だけが、この企画の深みに気づける。選民的な愉悦を味わえる。第2章の『FAKE』で仕掛けられた「そういう印象を抱いた観客の皆さんです」という鉄のエクスキューズと同種のテクニックが、ここでも大きな効果を上げている。『FAKE』も『水ダウ』も、あらかじめ作り手によって観客との共犯関係が巧妙に想定されているのだ。

キャスティングに帯びる悪意と『アクト・オブ・キリング』

番組側の悪意がもっとも集中していたキャスティングが、芹那だ。彼女はターゲットの無名女性タレントと個別に話すシーンもあり、そのプロデューサーが本当にいると信じ込ませる役割を担っていた。

繰り返すが、彼女が「金と権力のある男性に持ち前の〝あざと可愛さ〟ですり寄っていた」のは〝イメージ〟であり、〝すり寄っていたっぽい〟にすぎない。しかし実際に、芸能界の実情を知る立場にある、その最前線に居続けた同番組の演出担当・藤井健太郎《ふじいけんたろう》率いるTVマンたちは、あるいは手練《てだ》れの構成作家たちは、この企画のキャスティングに芹那を選んだ。芹那なら、無名の女性芸能人を騙せると踏んだ。芸能界に身を置く者が「芹那さんがこの場にいるなら、本当かも」という思考に至ることを予想した。

それに足るだけの「何か」が、芸能事務所やTV業界に無縁の人間が知る由《よし》もない決定的要因があったからだ。『水ダウ』はそれを、TV業界弄り、なんなら業界批判を隠れ蓑《みの》にして、企画に込めた。野心的な「たくらみ」だ。ドキュメンタリストが作中に忍ばせる「意図」と同じ。

ひとつ付け加えるなら、芹那自身は自分が起用された理由について、どの程度自覚的だったのかという疑問は残る。制作サイドの「たくらみ」を100%理解した上での演技（あるいは過去に自分が経験したことの再現）だったのか。もしくは、制作サイドから起用理由について細かいニュアンスが説明されないまま出演を承諾したのか。

ここで思い出される1本のドキュメンタリー映画がある。2012年にイギリス、デンマーク、ノルウェーが共同製作した『アクト・オブ・キリング』だ。

同作は、1965年から1966年のインドネシアで「共産党員狩り」として大量虐殺を行った元民兵たちに、当時どうやって殺害したのかをカメラの前で「役者として演じさせる」という内容だが、結末が非常に興味深い。当初この企画を持ち掛けられた元民兵の老人アンワル・コンゴは、自分たちが過去に行ったことを未来に伝えたいと、嬉々として承諾する。実際、彼は過去の行為を悔いてなどおらず、副大統領や知事なども彼ら元民兵の肩を持っている。撮影当時のインドネシアが国全体として共産主義者撲滅を謳っている状況も、基本的には虐殺当時の延長上にある。

ところが、元民兵たちが共産主義者を拷問するシーンを寸劇よろしく再現する場面で、アンワルが「殺される共産主義者の役」を演じた途端、彼はそれまでになかった激しい動揺を見せる。罪悪感と恐怖に駆られ、後日、自分が共産主義者を殺害した現場に赴くと、なんと現場で嘔吐《おうと》してしまう。

「身体による再現」が、現実のメンタリティに影響を及ぼしてしまったわけだ。もし映画製作者がこの事態を予想していたのなら、つまり作品を通じて「大量虐殺に対する総括と断罪」を行うという野心的なたくらみが、もし先立ってあったのだとしたら、なかなかである。

同じように、アレクサンダー、アントニー、皇治、芹那が、実際に〝怪しいプロデューサー飲み〟の経験者だったと仮定してみる。その場合、彼らは「身体による再現」を行うことで何を思ったのか。番組側の巧妙な〝悪意〟によって、何を思わされたのか？

視聴者に矛先が向いた「ＭＯＮＳＴＥＲ Ｌｏｖｅ」

『水ダウ』でドッキリを仕掛けられる常連といえば、お笑いトリオ・安田《やすだ》大《だい》サーカスのクロちゃんである。

クロちゃんにまつわる企画はどれも、彼のゲスな恋愛観、嘘つきぶり、自分勝手ぶり、鬼畜ぶりなどを炙り出す装置としてうまく機能しており、いずれもクロちゃんの人格のダメさ加減を存分に嗤《わら》うコンテンツとして成立している（無論、クロちゃんの鬼畜ぶりが「ヤリにいったキャラ」ではないという保証はないが）。

しかし２０２２年に６回シリーズで放送されたリアリティショー「ＭＯＮＳＴＥＲ Ｌｏｖｅ（モンスターラブ）」は、一見してクロちゃん弄りと見せかけて、着地点は別の場所に設定されていた。

アメリカ由来のリアリティショーとは元来、一般人もしくは名の知られていない芸能人を、ある空間・ある状況に集め、そこに番組側がなんらかの〝関与〟を施すことで彼ら・彼女らの反応を観察して楽しむもの――というのが一般的な説明である。日本では参加者同士の恋の鞘当《さや》てを観察するタイプのものがよく知られているが、どんなジャンルまでがリアリティ番組なのか、ドキュメンタリーとの境目はどこにあるのかについては、さまざまな見解があり定まってはいない。

「MONSTER Love」はクロちゃんの交際相手を見つけることを目的としたリアリティショーとしてスタートした。番組側はあらかじめ「クロちゃんのことを本気で好きな女性」を募集。9人の女性が集まるが、その中には「クロちゃんを好きではない女性」も交じっている。それが誰であるかは視聴者にもクロちゃんにも明かされない。クロちゃんは彼女たちと4日間の共同生活を送り、自分のことを好きではないと思われる女性をひとりずつ指名して共同生活から排除していく。

本企画が始まった当初、視聴者やスタジオゲストたちは、それまでのクロちゃん企画同様、彼の人格の下劣さをディスり、嗤い、蔑《さげす》むことでコンテンツを楽しんでいた。ところがその結末は、クロちゃん企画が始まって以来、初のハッピーエンド。クロちゃんには念願の恋人ができ、女性側も最愛の人・クロちゃんと結ばれた。

「惨めなクロちゃん、ざまあみろ」という顚末を期待していた視聴者はこの瞬間、下劣な笑いを完全に封じられた。「禿頭《はげあたま》の中年芸人に正真正銘の彼女ができた」という事実に、今までクロちゃんを心情的には「下」に見て嗤っていた非モテ男性たちはカウンターパンチを食らった。しかも、両想いのふたりに外野が文句をつける筋合いはない。祝福以外の言葉を吐けば吐いただけ、自らの下劣さが露呈するだけだ。

出演者ではなく視聴者をハメる、まるで詰将棋のように緻密なシナリオ。視聴者に対する罠《わな》の張り方が実に巧妙だった。今までクロちゃんを嗤っていた視聴者たちの下劣さが露呈するという、まさかのオチ。トリッキーなメタ逆転劇的な結末だった。

スタジオコメンテーターという名の視点設定者

クロちゃんをハメる態《てい》で、実際は視聴者の非モテ男性がハメられた。ここには重要な加担者がいる。スタジオでＶＴＲにコメントを入れるコメンテーターたちだ。

そもそも、それ自体で企画性の高いＶＴＲをメインとする番組に、なぜスタジオが必要なのかといえば、視聴者の視点設定をアシストするためだ。

この人は腐してもいい、この状況は笑ってもいい、その〝正解〟をわかりやすく直截《ちょくせつ》的に提示する役割を、スタジオコメンテーターは担っている。もちろん『水ダウ』に限った話ではない。ワイドショーであれ情報バラエティであれ、世の中の事件やトレンドをＶＴＲで紹介した直後に、あるいは紹介中にワイプで、スタジオコメンテーターは「この状況にはこの反応が〝一般的〟である」という〝正解〟を提示する。視聴者の最大多数が同意・共感してくれるであろう反応を、無難な「世間の声」の代弁を、最速で言語化する。視聴者はそれを見て、「その反応こそが〝正解〟である」と確信し、安心して笑い、あるいは嗤い、もしくは週刊誌のターゲットにされた芸能人や政治家を、後ろめたい気持ちなく腐し、断罪することができる。

その意味で、スタジオコメンテーターに支払われているギャラは、世間の多数派の意見を最速かつ簡潔な言葉で代弁できる判断力と運動神経に対して発生している、とも言えよう。彼らは〝正解〟を最短距離で伝える。逆に、最大多数派が何であるかを読み違えた発言をすれば、その読み違え度が大きければ大きいほど炎上する。SNS上での「いいね」の数が「多数度＝同意度」の指標であることと、本質的には変わらない。

「クロちゃんは無条件で蔑んでいい」というアシストをしたのは、ダウンタウンの松本人志《まつもとひとし》をはじめとしたスタジオのコメンテーターたちである。その他の企画のVTRもすべてそうだ。「このVTRのどの部分の異常性に注目すべきか」「容赦なく腐していいのは誰か」。VTRだけではノーヒントで〝正解〟にたどり着けない視聴者も、そもそも何も考えずTVをぼうっと見ているだけの視聴者も、「どう見ればいいのか」の〝正解〟を得ることができた。そのような視線誘導まで込みで、『水ダウ』の「たくらみ」なのだ。『水ダウ』はVTRだけでは完結していない。

中でも松本の役割は大きい。一般的なワイドショーや情報バラエティのVTR明けに添えられる無難な「多数派代弁コメント」と違い、そのVTRをどのように高い次元で消化すべきか、斬新に腐すべきか、その視点を、短いワードで独自性たっぷりに与えてくれるからだ。

しかも、独自性と言っても多数派の感情的反発を招く、単なる逆張りコメントではない。視聴者がのんべんだらりと見ているだけでは発見できない、松本ならではの視座と視点がそこにはある。

視聴者は松本の視点にタダ乗りできる。秀逸なドキュメンタリーは、人々が普段から見慣れている事象や被写体にまったく新しい視点を設定し、今までなら及びもつかなかった『観方』を提示してみせるものだが、それを地で行っている。視聴者は松本の視点を手に入れることで、より高次にＶＴＲを解釈・消化することができる。これは第6章で述べた「脚注」の役割にも近い。『水ダウ』はＶＴＲのみならず、スタジオ収録時における視点の設定面においても、実にドキュメンタリー的だ。

その松本は２０２４年8月現在、２０２３年末の性加害疑惑に関する報道を事実無根であるとして裁判への注力のため芸能活動を休止中であり、２０２４年1月31日以降、過去ＶＴＲの再放送以外に『水ダウ』に出演していないが、松本という視点設定者が不在（あるいは別の複数のコメンテーターが視点設定者を分担する）状況において、番組全体の雰囲気は松本出演時から明らかに変化した。端的に言えば、締まりがない。ＶＴＲ明けの「食後のデザート」がないからだ。

かつて１９８０年代から１９９０年代にかけてダウンタウンが大きく評価されたとき、松本の発想の天才性は、相方・浜田雅功《はまだまさとし》がいてこそ、という論がよく聞かれた。松本の、斬新ではあるが唐突でハイブロウすぎるボケを、ツッコミの浜田が超絶的な運動神経によって拾い、観客に「松本の発言の何が異常で、どこを笑うべきか」を手早く〝翻訳〟することで、言うなれば脚注として機能することで、松本のボケがより多くの観客に理解されるのだと。「本編と脚注」の関係性だ。

こうして考えると、脚注たる松本を失った『水ダウ』は、かつてにおける「浜田のいないダウンタウン」に喩えることもできる。無論、大喜利に代表される松本単独の芸は、それはそれとして高い評価を確立しているし、カリスマ視する向きもある。ただ明確に言えるのは、ダウンタウンの芸と松本単独の芸は「似て非なるもの」であるということだ。

視点設定者が不在、もしくは視点設定者が変更された『水ダウ』は、途中で監督が交代したドキュメンタリーのようなもの。『水ダウ』の雰囲気の変容は、ドキュメンタリーにおける監督の役割を浮き彫りにした。「同じ題材を扱っていても、カメラを構える人間が異なれば違うドキュメンタリーができる」そのものだ。

「ギリギリ」を望む視聴者の加害者性

『水ダウ』には時折、企画に批判が集まることがある。それは概ね3パターンあり、①視聴者参加型企画や街ロケ企画で騒動や混乱を招いた、②〝説〟自体、つまり問いの立て方が不謹慎である、③ターゲットになった芸人への仕打ちがあまりに酷い――だ。

①は単に番組制作のオペレーション上の不備であるとして、問題は②と③だ。

②に関しては、2024年1月24日に放送された「テレビのロケが一度も来たことのない店、東京23区内にも探せばそこそこある説」が象徴的だ。これは「テレビに取材されたことのない飲食店を4連続で引き当てるまで帰れない」という企画。芸人たちが3チームに分かれ、「それほど流行《はや》

っていない店」に当たりをつけてアポなしで飛び込み、「ロケが一度も来たことがない」と店主から聞いた瞬間、その目の前で露骨に喜ぶ姿が映される。店はろくに紹介もされない。企画趣旨を知った店主の気持ちを考えると、たしかに敬意に欠けた企画だ。店頭であからさまに店を貶《おとし》める芸人もいた。

③に関してはほとんど日常茶飯事だ。体力的・精神的に過酷な監禁、先輩芸人からの叱責、自宅への無断侵入、家族やパートナーなどを巻き込んだドッキリなどは、さすがに芸人として「おいしい」の範囲を超えているのでは？　という批判である。

とはいえ②や③の根幹たる「弱者をクリエイティブな方法で腐して笑いを取る」「パワハラ的ないじめによって困惑する弱者を観察して笑う」は、そもそも『水ダウ』の基本方針である。[*8] 彼らは日常的・自覚的に、「不謹慎」「非人道的」半歩手前のギリギリを攻めていて、その閾値《いきち》をうっかり超えた瞬間、批判が殺到することを繰り返してきた。

では、なぜそんな危ない橋を渡るのか？　視聴者がそれを求めていることを『水ダウ』の制作サイドが承知しているからだ。②や③を「面白い、もっと見たい」と言い続けてきたのは視聴者である。だからこそ、それに応えてきた『水ダウ』は長らく人気番組であり続けてきた。

視聴者がこの種の企画を望み、それに応える形で作られた番組を見て、話題にして、視聴率に寄与することで、再びそのような番組が作られる。それがＴＶのサイクルというものだ。ここでは明らかに「視聴する」という行為自体が、「弱者を嗤うのは面白い」という価値観に市民権を与えている。視聴行為がある種の加害者性を帯びている。

『水ダウ』の制作サイドがこの加害者性を自覚していないはずはない。それを了解した上で、もっと言えば加害者性を「利用」して、番組を作っているようにすら見える。そういう「たくらみ」の下に番組は作られている。彼らは視聴者に対して、「この種の企画をあなたは面白いと感じていますよね？」と耳元で囁《ささや》き続ける。

視聴者の加害者性にピンと来なくても、Xのポストに置き換えれば理解しやすい。Twitterが2022年にイーロン・マスクに買収され名称がXに変更されてからは、多くの人にリポストされたり「いいね」されて閲覧数を稼いだ投稿ほど、投稿者が経済的利益を得るような仕様に変更された。結果、Xには扇情的で断定的で耳目を集めそうな誹謗《ひぼう》中傷や、明らかにセカンドレイプと言えるような人権無視の投稿が、以前にも増してあふれることとなった。その種の投稿に一般ユーザーがリポストや「いいね」をしまくるからだ。

投稿に傷つき、自死を選択する者まで出た。その加害に加担したのは、指1本でリポストや「いいね」をタップした一般ユーザーたちである。

昔から言われている週刊誌の理屈も同じだ。芸能人のゴシップや当事者同士で収めておけばいい痴話喧嘩を、なぜわざわざ白日の下に晒すのか。週刊誌にそんな苦言を呈すると、決まって返ってくる定番の説明は「知りたいという人がいるから、我々は報じる」だ。

ギリギリを攻めたものが見たいと思う者がいるから、ギリギリを攻めたコンテンツが作られる。

倫理や節度や志の物差しを一旦脇に擱《お》くなら、ドキュメンタリーも同じと言えば同じだ。
人はなぜこうも、「ギリギリ」とか「際《きわ》」とか「境界」に惹かれてしまうのか。虚実皮膜には魔が潜んでいるのか。

『水曜日のダウンタウン』　2014年～／日本　演出：藤井健太郎

『アクト・オブ・キリング』　2012年／イギリス、デンマーク、ノルウェー　監督：ジョシュア・オッペンハイマー、クリスティーヌ・シン、匿名者

＊1　DVD『Tatsuya Mori TV Works～森達也テレビドキュメンタリー集～』封入ブックレット
＊2　『ドキュメンタリーは嘘をつく』（森達也 著／草思社、2005年）
＊3　同前
＊4　「創」2002年7月号（創出版）
＊5　DVD『Tatsuya Mori TV Works～森達也テレビドキュメンタリー集～』封入ブックレット
＊6　「おぼん・こぼん和解ドキュメンタリー」として不定期シリーズ化され、2021年10月6日に放送された最終回『おぼん・こぼんTHE FINAL』は、すぐれたTV番組に与えられる「ギャラクシー賞」テレビ部門の2021年10月度月間賞を受賞。2022年には放送文化基金賞において、テレビエンターテインメント番組部門の最優秀賞を受賞。それぞれの選評は「緊張感と説明し難い人間の複雑な感情に溢《あふ》れた人間ドキュメンタリー」「出色の人間ドキュメント」と、いずれもお笑い番組ではなくドキュメンタ

リー作品としての高評価だった。

＊7　ギャラクシー賞2015年7月度月間賞を受賞した。

＊8　元をたどれば1990年代を中心とした松本人志およびその周辺ブレーンの芸風であり、冠番組『ダウンタウンのごっつええ感じ』（フジテレビ系／1991年〜1997年）に代表されるコントにはその傾向がよく現れていた。

第8章

「お笑い」との構造的酷似②

仕込み、やらせ、編集の作為

「ＭＯＮＳＴＥＲ ＨＯＵＳＥ」はなぜ『テラスハウス』を茶化したのか

前章で言及した『水ダウ』の「ＭＯＮＳＴＥＲ Ｌｏｖｅ」から遡ること4年、２０１８年に7回シリーズで放送された安田大サーカス・クロちゃんフィーチャーのリアリティショー「ＭＯＮＳＴＥＲ ＨＯＵＳＥ（モンスターハウス）」は、「ＭＯＮＳＴＥＲ Ｌｏｖｅ」以上に論じがいがある。これはタイトルが示す通り、他局であるフジテレビのリアリティ番組『テラスハウス』のパロディという触れ込みだった。

本家『テラスハウス』は若い男女複数人をひとつ屋根の下〈テラスハウス〉で共同生活させてカメラを回し、そこで生まれる恋愛の行く末を観察するリアリティショーだった。「ＭＯＮＳＴＥＲ ＨＯＵＳＥ」も同じだが、モデル、タレント、一般大学生など20代男女の中にひとりだけ40代のクロちゃんが交じっている。つまり、若い美男美女の中にひとりだけ禿頭の中年男性が交じって恋愛ゲームに（厚かましくも）参加するという滑稽さを鑑賞する企画だ。当然ながら、クロちゃんの下劣な人格も全編にわたって晒され、嘲笑と嫌悪の的となった。

ただ、同企画の真の面白み、言い換えるなら「悪意」はもっと他にあったと考える。本家『テラスハウス』（という当時の人気番組）に対する茶化しだ。

「ＭＯＮＳＴＥＲ ＨＯＵＳＥ」におけるクロちゃんの滑稽さを、もう少し因数分解してみよう。

下心見え見えで女性たちに優しさを振りまき、見ているこちらが赤面する甘い言葉でモーションをかけ、その裏で男性陣をネチネチと牽制《けんせい》する。カメラの前で恥ずかしげもなく披露される、芝居がかった発言や挙動。なにやら白々しく、背中がむず痒くなる。見えすいた茶番。

その茶番感をいっそう際立たせているのが、本家『テラスハウス』を完コピした画《え》づくりだ。外観も内装も最高に洗練されたオーシャンビューのテラスハウス。インテリア、日中の自然光と夜の室内照明、テロップのフォントや選曲に至るまで、文句のつけようがない完璧な「オシャレ」然。今っぽい、洗練されたカメラワークと美しく整ったレイアウト。インサートされる人物紹介VTRやテラスハウス近隣の風景なども、すべてに隙がない。キメキメだ。

そんな見映えのいい空間で披露される、クロちゃんの汚いゲスさというギャップ。カメラの存在をものすごく意識した自意識過剰ぶり。我々はそこを笑う。嗤う。

しかし、ここで重大なことに気づく。もしこれがクロちゃんでなかったとしても、我々が感じる白々しさ、背中がむず痒くなるような感覚、見えすいた茶番感は、ほとんど変わらないということに。つまり『テラスハウス』という番組の作り自体が、じつに白々しく、背中がむず痒くなる、見えすいた茶番に満ちたコンテンツですよねということを、「MONSTER HOUSE」はしれっと言い放っていた。

喩えるなら、悪意に満ちた著名人のものまねだ。あるものまねのある部分を笑うということは、それを持ち合わせているオリジナルの同じ部分を笑う行為に等しい。たとえものまねが大きく誇張されたものであったとしても、オリジナルが持つ「おかしさ」や「違和感」の本質は、ものまね芸として増幅はされても変質はしないからだ（ちなみに『水ダウ』はものまね芸人の起用が大好物だ）。

『水ダウ』が本当に弄りたかったのはクロちゃんではなく、『テラスハウス』という番組自体だったのではないか。であるからこそ、「ＭＯＮＳＴＥＲ ＨＯＵＳＥ」は、『テラスハウス』のカメラアングルからカット割り・編集のクセ、画面の色味に至るまで、恐ろしいほど精密にコピーした。ここまで完コピすれば、本家のシミュレーターとして十分機能するからだ。

つまり「ＭＯＮＳＴＥＲ ＨＯＵＳＥ」は、ドキュメンタリーバラエティ（リアリティ番組）として独立的な鑑賞に堪えられるようきっちり成立させながら（１）、クロちゃんの下劣な品性を最高の見世物エンタテインメントに仕立て（２）、『テラスハウス』という人気番組を丁寧に完コピすることで一見してリスペクトを示しながら（３）、実は同番組を悪意たっぷりに弄っている（４）――とも言える。

なんと複雑な構造のコンテンツだろう。しかもだ。（４）は番組側が明示していない。直接手を下していない。気づいた観客だけが勝手にそう感じた、というだけのことだ。第２章の『ＦＡＫＥ』同様、ターゲット（『ＦＡＫＥ』では佐村河内守）の嘘っぽさ、胡散臭さ、ニセモノ感、しょっぱさを、これでもかとばかりに記録して本編に組み込み、99％の道筋を作ったところで、最後の判定〝だけ〟を観客に委ねる、巧妙かつ悪質なフィクサーぶり。

制作者が観客に単一の解釈を押し付けない。意図まみれの誘導的な材料は存分に提示するが、判定の責任はまんまと視聴者に負わせる。『水ダウ』のそんな狡猾《こうかつ》さも、秀逸なドキュメンタリー譲りである。

「台本はない」

『水ダウ』がここまで巧妙に『テラスハウス』を弄った理由を想像してみたい。

『テラスハウス』は番組冒頭で「台本は一切ございません」とアナウンスするのが通例だったが、それにしては展開がストーリーじみていた。

２０２０年、『テラスハウス』番組出演者のひとりが自死する事件が起こり、番組は打ち切りとなる。すると「台本はなかったが、ストーリーは制作側で作っていた」「スタッフから出演者への〝指示〟はあった」といった関係者の証言が報じられ始めた。

多くのTVドキュメンタリーを撮影するカメラマン・辻智彦《つじともひこ》は事件後、「実際冷静に作り手の立場からあの番組を見てみると、カット割りから何からものすごい作りモノですよね」「作り手はプロだから、煽っているように編集するわけです。実際にムカつく奴に見えるように編集してる」[*1]と、同番組の作り込みを指摘した。

ドキュメンタリー、あるいはリアリティ番組における「仕込み」や「やらせ」の有無や是非は、常に議論の的となる。「仕込み」とは、狙い通りに撮影するための算段・準備のこと。「やらせ」とは、過剰演出などによって事実と異なる内容を事実に見せかけることだ。「関与型」と断りのついたドキュメンタリーであるにしても、作り手はどこまで前もって「展開」を想定することが許されるのか。それをどの程度被写体に伝えてもよいのか。「台本」の形ならNGだが、口頭の「指示」ならOKなのか。それは「仕込み」や「やらせ」と何が違うのか。線引きはどこにあるのか。

バラエティ番組でありながらドキュメンタリー的な性質を強く内包し、同時に強いお笑い志向ゆえVTRに確実な「オチ」をつけることが義務づけられている『水ダウ』が、その線引きに自覚的でないはずはない。

第2章、「シュレーディンガーの猫」の項を思い起こしてほしい。

あなたの部屋に撮影用カメラが設置してある状態での〝普段の生活〟と、カメラがない状態の〝普段の生活〟は、絶対に同じではないはずだ。

カメラが被写体の撮影を始めた瞬間に、被写体は撮影される前の状態には戻れなくなる。大袈裟に言えば、ドキュメンタリストがカメラを回すことで、被写体はカメラが回っていなかった人生とは別の人生を歩む。それが「被写体の運命すら決定する」の意味だ。

誠実なドキュメンタリストは、この罪深さに自覚的である。

2018年、まだ何事も起きていなかった『テラスハウス』が、毎回「台本はない」と繰り返すことについて、当時の『水ダウ』の作り手たちは一体何を思ったのか。何かを思ったからこそ「MONSTER HOUSE」で弄ったのか。

氏家齊一郎は説明を間違えた

ドキュメンタリーのいちジャンルであるとも言えるリアリティ番組にどこまで台本が存在するのか、参加者にはどこまでスタッフから「指示」が飛んでいるのかは、たびたび話題になり、問題視され、時に炎上する。

話を広げるなら、『水ダウ』が身を置いているTV業界全体こそ然《しか》り。情報バラエティにしろドキュメンタリーにしろ、「仕込み」や「やらせ」は頻繁に告発され、都度問題視される。第7章で先述した、名の知られていない女性タレントが自分に無理やり「霊感が強い」「汚部屋アイドル」「不思議ちゃん」といったキャラを〝乗せ〟てオーディションに挑むケースも、TV局側が「関与していない」としらを切ったところで、「キャラが強くないとTVに出られない」という無言の圧はかかっていただろうし、「そこ、もう少しキャラ強めに出せないか」という〝リクエスト〟がなかったとは思えない。この点において『水ダウ』はデリケートゾーンに分け入り、批評的告発を試みたとも言える。

『水ダウ』の演出を務める藤井健太郎は、著書『悪意とこだわりの演出術』（双葉社、2016年）で「『やらせ』をしたことはありません」と断言している。ここにおける「やらせ」とは、「被写体の反応については台本に書いていない」を意味するのだろう。

バラエティ番組における「やらせ」としてよく知られているのが、森達也が「ドキュメンタリーとして面白い」と評した『進め！電波少年』の「ユーラシア大陸横断ヒッチハイク」だ。猿岩石（有吉弘行《ありよしひろいき》、森脇和成《もりわきかずなり》）の名を一躍有名にした同企画では、彼らがヒッチハイクのみで目的地に赴くルールのはずなのに、都合3回も飛行機に乗って移動していたことが明るみに出た。当時の日本テレビ社長・氏家齊一郎《うじいえせいいちろう》は「番組の性質上、倫理とか道義的な責任はないと考える」とコメント。物議を醸した。

氏家の発言からは、「真面目なドキュメンタリーではない、バラエティ番組だから許される」といったニュアンスが読み取れるが、端的に氏家の発言は不穏当であろう。もし何か説明するなら、「飛行機に乗ったことは企画の秀逸さをねじ曲げるものではなかったし、旅の途上で猿岩石が乗り越えた試練の価値を損ねるものでもない。なにより被写体（猿岩石）のさまざまな反応は本物だった。ゆえに問題はない」で通すべきだった。

ドキュメンタリーもしくはドキュメンタリーに準ずるバラエティ番組において、「仕込み」や「やらせ」はどこまで許されるのか。

『朝まで生テレビ！』の司会で知られる田原総一朗《たはらそういちろう》は、1960年代から1970年代にかけて東京12チャンネル（現テレビ東京）で数多くのドキュメンタリー番組を制作したが、その多くは「仕込み」と演出の産物だったことがよく知られている。[*2]

「仕込み」を「やらせ」に近いものと捉えるか、関与型ドキュメンタリーの「関与」の範囲と捉えるかの線引きは難しい。関与は事実だとしても、それによって得られる被写体の反応が本物であれば、その「仕込み」は真実を引き出すためのプロセスとして免罪されるという考え方もある。であれば、「被写体の反応が本物」でさえあればいいという意味において、『水ダウ』などが試みる芸人への過激なドッキリも、田原のドキュメンタリーと構造的には変わらない。

「意図が正しければ方法にウソはあっても許される」のか

「カメラに記録された事実」と「制作者が伝えたいと思う真実」は違う、だからそれを埋める努力はしてもよいのだ、というドキュメンタリー論も、ことあるごとに「やらせ」が報じられるTV業界では、制作者たちの言い分として定番だ。

1993年2月、前年9月と10月に全2回で放送された『NHKスペシャル　奥ヒマラヤ禁断の王国・ムスタン』に虚偽や「やらせ」があるとして新聞各紙が一斉報道し、大きな騒ぎになった。その「やらせ」とは、「少年僧の子馬が死んだとされるシーンでは、別の馬の死体を映して少年僧の馬とした」「カメラに収められた流砂や落石はスタッフが人為的に起こしたものだった」「スタッフが高山病にかかっているのは演技だった」といったもの。また、番組中で「雨は3ケ月間1滴も降っていない」というナレーションが流れたが、実はスタッフが現地入り後に雨は降っていたという。

NHKは厳しい批判を浴び、調査委員会による調査結果を公表して当時の会長は陳謝。調査を報告する番組を放送し、会長以下7名が減給・降格・停職などの処分を受け、郵政省から厳重注意を受けるに至る。

ただ、同年3月に同じNHKで放送された『ドキュメンタリーとは何か』という番組内で評論家の加藤《かとう》周一《しゅういち》は、ドキリとする言葉を発した。

「〝やらせ〟発覚で烈火のごとく人が怒るのは、誤解に基づいている。（略）ドキュメンタリーフィルムで決定的に大事なことは、全体が言おうとしていることがうそか本当か、真実かどうかということで、個々の場面が事実か演出かということは、細かい技術問題だと思う」[*3]

加藤が言うところの「全体が言おうとしていること」が「制作者が伝えたいと思う真実」であるとするならば、第5章で先述したジョナサン・ゴットシャルの言葉の筆者流の解釈は、よりいっそう制作者たちを援護射撃することになる。つまり、「ファクト（事実）の膨大な集積たる過去は、一瞥しただけでは把握も理解もしにくい」ゆえに、「枝葉は捨て、端折れるところは端折り、残った部分も改変したり並び替えたり整理」することで、「飲み込みやすい物語に仕立て直」し、「多くの人が理解できる様態」にするわけだ。

実は、日本における初めての〝ドキュメンタリー監督〟とも言われる亀井文夫《かめいふみお》が、そもそも「やらせ」を是としていた。その一例が、日中戦争下に戦意高揚を目的として企画され、亀井が監督した『戦ふ兵隊』(39)だ。

同作は中国の戦場に従軍した兵士の様子を記録したドキュメンタリーで、軍部の意に反して厭戦《えんせん》気分を暗示させる内容だが、作中で中隊本部を撮影しているシーンがある。ここでは中隊長のもとに部下の兵士たちが入れ代わり立ち代わり訪れるが、映画評論家の佐藤忠男《さとうただお》が亀井から直接聞いた話によれば、「中隊の隊長が亀井文夫とは旧知の人物で、自分が最近経験した戦闘を再現してやろうかと言われて撮ったもの」だという[*4]。

佐藤によれば亀井は「正しいことを伝えるためにはときにはやらせは必要」「意図が正しければ方法にウソはあっても許される」と考えていた[*5]。

一応の筋は通っている。ただ、「制作者が伝えたいと思う真実」がその制作者による個人的な政治的主張ではないという保証は、どこにもない。誰かから利益供与と引き換えに依頼された政治的な宣伝〈プロパガンダ〉でないという保証もない。亀井が希求したとされる「正しいこと」は「戦争反対」だったが、作り手が変われば「正しいこと」が「撃ちてし止《や》まむ」になってしまうことも、十分にありうるのだ。

期待に〝応えよう〟とした「やらせリンチ事件」

国内TV史において「やらせ」を語る上では参照しておきたい事件がある。テレビ朝日《あさひ》系列で放送されていたワイドショー番組『アフタヌーンショー』が打ち切りに追い込まれた「やらせリンチ事件」だ。

同番組は1985年8月20日、「激写!・中学女番長!!・セックス・リンチ全告白」と題したVTRの中で、約60名の暴走族の河川敷バーベキューパーティーに参加していた女番長ふたりが女子中学生5人に暴行する映像を放送した。放送後、女番長ふたりは逮捕されたが、この暴力行為がディレクター・中川勉《なかがわまなぶ》の指示で行われていたとして同氏も逮捕されたのだ。こうして『アフタヌーンショー』は打ち切りとなった。

ところが中川は翌年刊行した自著で、女番長ふたりはあくまで自発的に「カツ入れ」を行っており、自分は暴行を指示していないと主張。その上でこう述べた。

「ただ、彼女らがテレビカメラを向けられているということで、よりそれを意識し、レンズを通して日頃の自分たちの怒りのエネルギーを精一杯見せてやろうと考えたであろうことは想像に難くありません。

それは、〈やらせ〉というより〈やり〉であり、それこそテレビ取材における事実と異なる虚像だと批判されれば、それはテレビの取材マンとして謙虚に受けとめざるを得ないと思います」[*6]

中川の主張を信じるなら、女番長たちはカメラを向けられて〝張り切って〟しまった。ある意味でディレクターの期待に〝応えようと〟してしまった。もしカメラがなかったら、彼女たちはここまでしなかったかもしれない――ということになる。

さらに第2章の記述を引くなら、女番長たち〈被写体〉は、文字通り「カメラが回っていなかった人生とは別の人生を歩」んでしまった、と言えるだろう。逮捕され、それが報じられてしまったのだから。

新聞読み比べを趣味とする〝時事芸人〟のプチ鹿島《かしま》は自著で本事件を取り上げ、〈やり〉について、「設定された状況があるからこそ〝アドリブで火花を散らす〟こともできる構造と、その行為のことを指した言葉なのだ。（略）討論番組や芸人ドッキリもそうだろう。やらされているより自らやっている〝やり〟とは絶妙な表現」「テレビの虚々実々であり、カメラが目の前にある時点で非日常ということも再認識させられる」と説明した。[*7] 売れたい女性タレントが「霊感が強い」「汚部屋アイドル」「不思議ちゃん」というキャラで「ヤリにいってる」ことの本質がよく理解できる説明だ。

秀逸なフェイクドキュメンタリーとしての『めちゃイケ』

フィクションであるにもかかわらず、ドキュメンタリーの手法で（ドキュメンタリーに偽装して）撮られた作品を、俗にフェイクドキュメンタリー（和製英語。正式にはモキュメンタリー／mockumentary）と呼ぶが、フェイクドキュメンタリーと「お笑い」の文脈で必ず押さえておかなければならないのが、「ユーラシア大陸横断ヒッチハイク」が放送された1996年にフジテレビ系でスタートした『めちゃ×2イケてるッ！』である。

1996年（前身番組は1995年）から2018年まで放送されていた同番組は、お笑いコンビ・ナインティナイン（岡村隆史《おかむらたかし》、矢部浩之《やべひろゆき》）をメインに据えたバラエティ番組だが、その軸になっていたのはロケだ。ゆえにたくさんのドキュメンタリーライクな企画が生まれた。

たとえば、岡村がSMAPやEXILEのコンサートやライブに出演したり、劇団四季《げきだんしき》の「ライオンキング」に出演したりする「岡村オファーが来ました」シリーズ。雛形《ひながた》あきこの大ファンである少年を長期にわたり追跡した「ヨモギダ少年愚連隊」シリーズ。SMAPの中居正広《なかいまさひろ》と岡村による人気スペシャル企画「中居&ナイナイ日本一周」など。その多くは建前上、行きあたりばったり突撃ロケの体裁を取りながら、そのドラマチックな展開からは綿密なシナリオの存在を感じさせ、良い意味での作り込みに満ちていた。*8

『めちゃイケ』は「秀逸なフェイクドキュメンタリー」として完成されていた。起こるハプニングや芸人のリアクションは〝計算し尽くされて〟おり、その細かい所まで行き届いた制作者側の配慮が、密度の高い笑いを生んでいたからだ。

関与まみれで、仕込みまみれ。しかし現場で起こっていることの「とんでもなさ」は紛れもなく事実。そこに巻き込まれる芸人やタレントたちの反応も――幾分かは台本によって増幅されている（と推測される）とはいえ――基本的には「湧き起こるべくして湧き起こったもの」と納得できるだけの説得力にあふれていた。その完璧に段取りが整えられた台本上の、完璧に設計された笑いの精密さによって、我々は安心して『めちゃイケ』で笑うことができたのだ。

プロセスの可視化と編集による自己表現

『めちゃイケ』の〝完璧な設計〟がもっとも秀逸な形で結実していたのが、2010年11月27日に放送された、岡村の番組復帰にまつわる企画である。

岡村は2010年7月より体調不良（岡村曰く「（頭が）パッカーンってなった」）によって5ヶ月弱休養したが、明るく天真爛漫《らんまん》な芸風のお笑い芸人がメンタル不調から復帰するプロセスを企画化するのが「TV的に難しい」ことは容易に予想された。シリアスに病状を報告すれば笑えない。しかし何事もなかったかのように復帰するのも不自然に過ぎる。「見せ方」の難易度が高い。前例もない。そこで『めちゃイケ』の出した答えが、当時世界的なニュースになった「コピアポ鉱山落盤事故における作業員救出」をパロディ化する、というものだった。

岡村は地中から引き上げられたカプセルから無言で登場し、「生還」を表現する。岡村も相方の矢部浩之も感極まってはいるが、これはコント的なパロディフォーマットの上で行われているパフォーマンスなので、ギリギリ「笑い」に回収できる。かつ、岡村は表情が悟られないよう作業員のコスプレでサングラスを装着、かつ「無言のキャラ」という設定を貫いたため、視聴者は岡村に対して無用の「痛々しさ」や「哀れみ」を感じないで済んだ。

その上で、この〝茶番劇〟の底には「岡村が満を持して復帰した感動」という本物の感情が流れている。台本のある虚構によってリアルな感情を白日の下に晒す。その機能だけを言うなら、真実を引き出すためのプロセスとして「仕込み」を活用したドキュメンタリーとなんら変わらない。

視聴者を納得させるプロセスこそがドキュメンタリーにおいて大事だということは、古今東西多くのドキュメンタリストが認めるところだ。『哀しみと憐《あわ》れみ』(69)などで知られるドイツのドキュメンタリー監督マルセル・オフュルスは、「視点は誰でも持っていますが、要はその視点にたどりつくのがどれほど大変だったかという過程を見せるのがコツ」と唱える。*9

これを綺麗になぞっているのが、『水ダウ』藤井の演出術だ。藤井は言う。「ただ爆破しただけじゃ別に面白くはない。『どういう流れで爆破に至ったか』『どういう状況での爆破か』、そういうことが一番大事で、それによって全く面白さが変わってきます*10」。ここにおける「爆破」とは、たとえば「芸人の大事にしているものを目の前で爆発させるドッキリ」のごとき爆破を指すが、単に派手な爆発をダイナミックに撮っても面白みは出ない。やはり大事なのは文脈づくりであるということだ。

藤井は〝説〟を採用するポイントのひとつにも、「結論に至るまでの展開がちゃんと面白く描けるか、そのプランが見えているかどうか」を挙げている。*11

プロセスを綿密に設計するのは監督の仕事だ。『めちゃイケ』の生みの親にして総合演出やプロデュースを行っていたフジテレビ（当時）の片岡飛鳥《かたおかあすか》も、編集、ナレーション原稿作成、テロップ構成・デザイン作成などを自ら行っていたが、片岡の『めちゃイケ』での肩書は一貫して「総監督」だった。監督だからこそ、演出にたくさんの意図を込める。1フレーム単位、テロップ1文字単位で細部に至るまで手を入れる。手を入れているものがバラエティ番組かドキュメンタリーかの違いはない。

藤井も『水ダウ』の編集作業をすべて自分で行い、ナレーション原稿もすべて自分で書くという。「日々の作業の中で一番時間を使っているのが編集かもしれません」*12とまで言っていることから、そこに懸ける熱量は相当なものだ。細部にまで張り巡らされた『水ダウ』の悪意とはつまり、藤井の意図の産物である。

藤井や片岡の行っている編集は、ドキュメンタリストのそれと同じである。本書で再三繰り返しているが、ドキュメンタリーに「中立視点」は存在しない。すべてが監督の主観であり、もっと言えば監督の自己表現だ。

東海テレビの阿武野勝彦は自著で「ドキュメンタリーには、他者を題材にしながら今の自分を表現するという側面がある」「最後に番組に映り込むのは、紛れもなく制作者である自分の裸なのではないか」[*13]と述べているが、このような考え方は阿武野に限らない。土方宏史も「被写体との間にカメラを入れた段階で、そこには作り手の意図が入る」と言っているし、[*14]『選挙』(07)、『精神』(08)などで知られる想田和弘監督も、自身にとってドキュメンタリーとは「僕自身の私的な経験を映画的言語によって再構築し、それを観客と共有するということ」「僕の個人的で主観的な体験にすぎません。新聞とか論文というよりは、日記」とインタビューで答えている。[*15]

カット尻の悪意と結末を想定しない撮影

『水ダウ』に見られる編集の作為性を、2つだけ挙げておこう。

まず「カット尻の悪意」である。カット尻とは、あるVTRにおけるひと続きのカットの終わり際のこと。ここに意地悪を込めるのが、実に上手い。

たとえば、ある人物がドヤ顔で何か偉そうなことを語るVTR。その言い終わりですぐにカットを切り替えず、言い終わってもしばらくカメラを向け続け、スタッフがあえて相槌《あいづち》も打たず、気まずい沈黙のまま、少し「放置」するのだ。これにより場の「サムい空気」「スベった感」「気まずさ」が強調される。発言者を編集によって腐しているわけだ。

仮に同じ発言でも、言い終わった瞬間にカットが切り替われば「スベった感」は回避される。また、スタッフに「なるほど」といった相槌を打たせたり、テロップやナレーションで発言を補完したりすれば、発言者の援護射撃となりうる。一般的な情報番組やワイドショーならば、そうするだろう。

しかし『水ダウ』はあえてそうしない。これは明確に、番組が「その発言はスベっている」ことを演出として伝えようとする意図の表出であり、エンタテインメントとしての〝悪意〟だ。

逆に、まだ話が終わっていないのに突然カットが切り替わって話が乱暴にぶった切られる編集もある。これは「話がつまらないから、これ以上聞く価値がない」ことの表現だ。発言者にとっては残酷かつサディスティックな仕打ちだが、『水ダウ』の発言者は基本的に芸人もしくは弄っても良さそうな著名人、あるいは番組が弄ってもいいと判断した一般人なので、このあたりは容赦ない。

もうひとつが、「冗長なくだりの早送り」だ。何かを調べたり撮ったり追跡したりしてみて、特にこれといった結論にたどり着かなかった場合、VTRをチャカチャカと早送りして「これといった理由や結論が見つからなかったので後半は駆け足でお送りしました」などと、呆《あき》れるほど正直に「撮れ高がなかったこと」をあけっぴろげにし、それ自体をメタに笑い飛ばす。

どう転ぶかわからない事象を追い、狙ったような結論が出なくてもそれを受け入れ、編集で面白く仕上げることに執心する。構成を練り、鑑賞に堪える映像作品に仕立て、そこにある種の意図

（笑える意地悪や高度な皮肉）を忍ばせる。これは非常にドキュメンタリスト的な態度ではないだろうか。

実際、慎重で誠実なドキュメンタリストであればあるほど、カメラを回す際に結末を想定しすぎない傾向にある。

原一男は、「作る段階から成功するかどうかはわからない。わからないけどやってみようと思ってやるのがドキュメンタリー」[*16]と、撮る前に結末を想定しないスタンスを明らかにしている。また、阿武野勝彦は、「デスクが取材前のイメージに執着すると、実態との乖離をどうするか困ったことになる」[*17]と自戒を込めた警鐘を鳴らす。

その阿武野の下でディレクターとして現場に赴く土方宏史も、「このテーマで撮りたいという熱意が全て。走りながら考えるというか、走ってから考える感じ。とりあえず1年取材して、どうまとめるかを考える」「何かことが起こらないと前に進められない。待つしかない。でも、急に動き出すこともある。この、どうなるのかわからない状態が続くことこそが、ドキュメンタリー」[*18]と言い切る。

映画史研究家の伊藤彰彦《いとうあきひこ》はこのような東海テレビのスタイルを、「事前に下調べせず、予断を持たず、シノプシスを作らず、ノーガードで視聴者の目線で対象に向かってゆく、そして収録できた素材から構成を組み立てる、いわば『手ぶらのドキュメンタリズム』[*19]であると説明した。

『セールスマン』は「起きているとおりに記録」したのか

編集の作為性は、現代ドキュメンタリー草創期の作品で早くも確認できる。アメリカのドキュメンタリー『セールスマン』（69／監督：アルバート・メイズルス、デヴィッド・メイズルス、シャーロット・ズワーリン）だ。

カメラが追うのは、豪華な装丁の聖書を訪問販売する4人の男性セールスマン。彼らは出版社と契約してアメリカのさまざまな地域に出張し、何日か滞在してセールス活動を行う。戸別訪問するのは、善良で勤勉そうな人々が住まう郊外の家々。その中には英語が母国語ではない者、無垢《むく》な老人、典型的な白人の低所得者層も含まれる。そんな「とりわけ知的でも裕福でもなさそうな田舎者」たちに、セールスマンたちが牙を剥く。

セールストークは「えげつない」の一言。見え見えのお世辞を並べて褒めそやし、相手が難色を示しても言葉巧みに「買わない理由」を潰そうとする。迷っている間にも、お構いなしで支払い方法の説明を続ける。カネがないと言っているのに、いくらなら出せるかとしつこく詰め寄る。現代の感覚で見れば完全にアウトな売り方だが、相手ものれんに腕押しだったりすると、その空回りは時にシュールで滑稽。それこそお笑い番組のアポなし突撃取材かコントかと見紛《みまが》う瞬間すらある。

同作は、ダイレクトシネマ・ムーブメントの中核をなす古典的名作と言われている。ダイレクトシネマとは1960年代、撮影・録音機材の発達と小型化に伴い、映像と音をシンクロさせる同時録音が屋外でも可能になったことで生まれたドキュメンタリーの形式だ。発祥はアメリカで、「被写体に演出指示をせず、そのまま撮る」「ナレーションやBGMやテロップは入れない」ことを特徴とする。本作の監督のひとりであるメイズルスはダイレクトシネマの原則について、「私たちの目的は、その瞬間に起きていることに割り込むのではなく、起きているとおりに記録すること」[20]と説明した。

しかし本作には、まるで劇映画のように会話中の二者をカットバックで交互に映すシーンがある。カメラが一台のはずなのに、そんなことができるはずはない。つまり別のリアクションを編集によって〝挿入〟している。

「起きているとおりに記録する」などといかにも正直者のふりをしながら、その実、撮れたフィルムを嬉々として恣意《しい》まみれに編集して「面白く」仕立て上げていたわけだ。

セルフブランディングする被写体との対決

「仕込み」や「やらせ」の付随、「虚」と「実」の戯れ、プロセスの可視化、意図を込めた編集のダイナミズム。それらすべて、『水ダウ』をはじめとする作り込まれたバラエティ番組とドキュメンタリーに共通する要素だが、最後に被写体に言及して章を結びたい。

第2章「シュレーディンガーの猫」の項でも述べたように、ドキュメンタリーの被写体が「カメラで撮られていること」に意識的であればあるほど、被写体の態度はよそ行きになり、収められる映像にはどこか作為感が漂う。自然状態ではなくなってしまう。

人間とは、「誰かから見られている」と意識すればするほど無意識のうちにセルフブランディングを始める生き物だ。ブランディングとは「競合との差別化を図り、顧客にとっての価値を高める行動」のこと。要は、人は他人から「良い人間」だと思われたい。

それを踏まえた上で、藤井の言葉を引く。藤井はインタビューで、芸人からすれば『水ダウ』の仕事はあまり手応えのないものも多い、どの部分が面白がられているのかが見えづらいから――と述べた後、「逆にそこの自覚がない人の方が面白いんじゃないですか？」[*21]と続ける。

そう考えると、『水ダウ』の被写体の多くが、セルフブランディングがとても重要な職業の人間――芸人や著名人――で占められているというのは痛快だ。『水ダウ』は、放っておいてもセルフブランディングを始めてしまう被写体に対し、「そうはさせるか」とブランディング行為を無化すべくさまざまに仕掛ける。それによって、被写体自身が想定していなかった被写体の本質を暴こうとする。「自覚がない人の方が面白」くなるからだ。

撮られる者の意図に反し、撮る者がサディスティックな攻勢を仕掛ける。撮る者と撮られる者の攻防戦が、観客が見るに値する反応を生む。まさに、ドキュメンタリーだ。

森達也の言葉を、ふたたび引用しよう。

「撮られる側は演じる。つまり嘘をつく。自覚的な嘘の場合もあれば、無自覚な場合もある。撮る側は時にはこの嘘を利用し、時には別の回路に誘いこむ。こうして撮る側の作為と撮られる側の嘘が縦糸と横糸になって、ドキュメンタリーは紡がれる[*22]」

この「ドキュメンタリー」という文言はそのまま『水曜日のダウンタウン』に置き換えられる。

『水曜日のダウンタウン』	2014年〜／日本	演出：藤井健太郎
『進め！電波少年』	1992年〜98年／日本	演出：土屋敏男
『NHKスペシャル　奥ヒマラヤ 禁断の王国・ムスタン』	1992年／日本	制作：NHK
『戦ふ兵隊』	1939年／日本	監督：亀井文夫
『めちゃ×2イケてるッ！』	1996年〜2018年／日本	総監督：片岡飛鳥
『セールスマン』	1969年／アメリカ	監督：アルバート・メイズルス、デヴィッド・メイズルス、シャーロット・ズワーリン

＊1　『ドキュメンタリー撮影問答　対話から見えてくる映像制作の深層』（辻智彦 著／玄光社、2021年）

＊2　一例として、前衛ジャズピアニスト・山下洋輔を追った「バリケードの中のジャズ　〜ゲバ学生対猛烈ピアニスト〜」（1969年制作）など。

＊3　『20世紀放送史　本史 下巻』（日本放送協会 編／日本放送出版協会、2001年）
＊4　『シリーズ日本のドキュメンタリー1　ドキュメンタリーの魅力』（佐藤忠男 編著／岩波書店、2009年）
＊5　同前
＊6　『テレビ朝日やらせリンチ事件の真実：ピエロの城』（中川勉 著／コアラブックス、1986年）
＊7　『ヤラセと情熱　水曜スペシャル「川口浩探検隊」の真実』（プチ鹿島 著／双葉社、2022年）
＊8　ただし、企画に漂う「虚」と「実」の線引きを理解するにはある程度のリテラシーが求められた。「中居&ナイナイ日本一周」については、番組終了から4年以上も経過した2022年7月5日放送のNHK特番『笑いの正体』で、同企画が一言一句、全部台本にかかれている通りに進行し、リアクションの取り方まで細かく指示されていたと中居が発言した。一定のリテラシーを持った視聴者にしてみれば、「今さら何を」ではあるが、その発言があまりに波紋を呼んだのか、後日中居は自分のラジオ番組で釈明し、反省と『めちゃイケ』メンバーに対する謝意を表している。
＊9　『ドキュメンタリー・ストーリーテリング［増補改訂版］「クリエイティブ・ノンフィクション」の作り方』（シーラ・カーラン・バーナード 著／フィルムアート社、2020年）
＊10　『悪意とこだわりの演出術』（藤井健太郎 著／双葉社、2016年）
＊11　前掲書
＊12　前掲書
＊13　『さよならテレビ　ドキュメンタリーを撮るということ』（阿武野勝彦 著／平凡社新書、2021年）
＊14　「ドキュメンタリー映画新時代（2）　企画書1枚、熱意100％　ドキュメンタリー監督土方宏史」（日本経済新聞、2021年10月10日配信）

＊15 『ドキュメンタリー・ストーリーテリング［増補改訂版］「クリエイティブ・ノンフィクション」の作り方』（シーラ・カーラン・バーナード 著／フィルムアート社、２０２０年）
＊16 『21世紀を生きのびるためのドキュメンタリー映画カタログ』寺岡裕治 編／キネマ旬報社、２０１６年）
＊17 『さよならテレビ　ドキュメンタリーを撮るということ』（阿武野勝彦 著／平凡社新書、２０２１年）
＊18 「ドキュメンタリー映画新時代（２）　企画書１枚、熱意１００％　ドキュメンタリー監督土方宏史」（日本経済新聞、２０２１年10月10日配信）
＊19 『21世紀を生きのびるためのドキュメンタリー映画カタログ』寺岡裕治 編／キネマ旬報社、２０１６年）
＊20 『セールスマン』の２０２２年日本公開時のプレス向け資料より
＊21 「クイック・ジャパンｖｏｌ．１３４」（太田出版、２０１７年）
＊22 『ドキュメンタリーは嘘をつく』（森達也 著／草思社、２００５年）

第9章

見たいのは〝真実〟ではない——

プロレスとドキュメンタリー

プロレス的、お笑い的

第8章で言及した『めちゃイケ』の「岡村復帰企画」と同じ性質を帯びるのが、プロレスである。プロレスにはシナリオ化された「因縁」や、演者たるレスラーの増幅された「感情」が、興行主の意図まみれで充満しているからだ。

ただし、興行としてのプロレスを「八百長《やおちょう》」と断定するのはあまりに浅はかである。鍛え上げられたプロレスラーの肉体は本物。技をかけるテクニック、かけられるテクニック、そこに生じる痛みも本物。ドキュメンタリーで言うなら「被写体の反応が本物」というやつだ。

その意味で、シナリオに乗せて発せられるレスラーたちの雄叫《おたけ》びは嘘ではない。台本に従ってセリフを発する役者の芝居で受けた感動を、嘘と呼ばないのと同じである。

ただ、そこに漂う「虚」と「実」の線引きは非常に難しい。否、線引きを理解するにはある程度のリテラシーが求められる、と言うべきか。

ちなみに、『水ダウ』の藤井健太郎はプロレス好きを公言しており、同番組にもプロレスネタが多い。松本人志をマスクマンに仕立てて観客に伏せた状態で試合に出したり、DDTプロレスリング所属のプロレスラーであるスーパー・ササダンゴ・マシンを企画のプレゼンターとしてスタジオに出演させたり。藤井は自著で、自分の番組に「悪意がある」と言われるというくだりで、試合を盛り上げるために〝あえて〟ヒール（悪役）を引き受けるプロレスラーの例を出している。

藤井はプロレスが好きな理由を、「格闘技・プロレスは、『活字プロレス』という言葉に代表されるように、まさに『文脈』で語られるジャンルです。どんなに試合がつまらなくても、その裏に物語があれば乗れちゃうという側面があるし」[*1]と述べているが、虚実入り交じるドキュメンタリーの醍醐味に通じるものがある。

改めて考えてみると、『水ダウ』があそこまで過激なドッキリを許されているのは、騙される側が芸人や芸能人という「特殊な訓練を受けたプレイヤー」であり、リアクションや醜態を晒されることも含めて彼らの（おいしい）仕事としてプラスになっているからだ。その芸人や芸能人を「特殊な訓練を受けたプロレスラー」に置き換えても、この見立ては成り立つ。

であるならば逆に、『水ダウ』という番組はあるひとつのプロレス団体であり、その所属選手が団体のマット内だけで成立する過激なパフォーマンスを毎週のように客に見せている、という見立てもまた可能なのかもしれない。

このようにして考えると、お笑いを経由してプロレスの虚構性や価値を論じることと、ドキュメンタリーの虚構性や価値を論じることは、概ね相似形にあるということに気づく。

ミスター高橋のカミングアウト

プロレスラーたちの普段の顔を追ったアメリカのドキュメンタリー『ビヨンド・ザ・マット』（99）が2001年に日本で公開された際、多少なりともプロレスというものに触れていた者は衝撃を受けた。

プロレスが（正確にはWWF〈現WWE〉を中心としたいくつかのプロレス団体が）筋書きのあるショーであると、〝証拠映像〟とともにはっきりと言い切っていたからだ。

同作は冒頭から「プロレスは基本的に芝居と同じ」「勝敗も暴力シーンもすべて演出されている」というナレーションで始まる。WWFにはドラマのように脚本家がついていてレスラー同士の「因縁」を創作していることや、撮影中に開催された往年の名レスラー、テリー・ファンクの引退試合（1997年、実際にはその後もレスラー活動を継続）の結果を監督が先に聞いていた（全盛期を過ぎたテリーが勝つとファンが疑うので、負けて有終の美を飾ることにしたらしい）ことまでも、作中で明かしていく。

もっとも衝撃的だったのは、当時トップクラスの人気を誇っていたレスラー、ザ・ロック（のちにドウェイン・ジョンソンとしてハリウッド俳優デビュー）と、彼の宿敵であるマンカインド（ミック・フォーリー）が、試合前に打ち合わせをしているシーンだ。彼らは隠すこともなくカメラの前で、「スタンドの客席に行け」「ハシゴの下から殴る」「そして客席に上るんだ」「フラフラになってくれ」「俺はこの仕草からエルボーで一撃だ」などと会話する。しかもマンカインドは、試合を心配する自分の子供たちを安心させようとこんなことを言う。

「ロックはパパの友達だ。だから本気じゃない。わかったかい？　心配しないで」

2024年現在、ある種のプロレス興行が「ショー」であることなど、良識ある大人の間では常識だ。無論、ショー要素と真剣勝負要素の配合比率は〝団体による〟が、「ロープに振ったらわざわざ返ってくる」「ブレーンバスターなどの投げ技は、投げられる側の〝協力〟なしには成立しえない」ことを少しでも考えれば、オリンピックで披露されるアマチュアレスリング競技などとプロレスが根本的に違うものであるのは自明だろう。

しかし、2001年当時の日本で「プロレスはショーである」は、現在ほど完全に定着した常識ではなかった。

1990年代には、大仁田厚《おおにたあつし》が旗揚げしたFMW（フロンティア・マーシャルアーツ・レスリング）が、「ノーロープ有刺鉄線電流爆破デスマッチ」といった過剰にショーアップされた興行で人気を得ていたし、あまたのインディー団体がショー的、演劇的要素を前面に出していた。だが、当時2大メジャー団体だった全日本《ぜんにほん》プロレスや新日本《しんにほん》プロレスとは異なる、あくまで「別枠」の存在だった。

また、森達也が手掛けたTVドキュメンタリー『ミゼットプロレス伝説〜小さな巨人たち〜』

(92)には、小人レスラーたちが試合の「展開」「組み立て」「段取り」を前もって細部まで取り決め、何度も練習している姿が映っているが、同番組内に登場する元女子プロレスラーのマッハ文朱《ふみあけ》が、ミゼットプロレスを「自分たちのような真剣な試合の合間に、観客に気を緩めてもらう存在」として（好意的に）コメントしていたことからも、筋書きのあるミゼットプロレスはあくまで「特別枠」の余興という扱いだった。

ところが、『ビヨンド・ザ・マット』日本公開から4ヶ月後の2001年12月に、新日本プロレスの元レフェリー、ミスター高橋《たかはし》による書籍『流血の魔術　最強の演技―すべてのプロレスはショーである』（講談社）が刊行されると、当時の国内プロレス業界はかなりざわついた。『ビヨンド・ザ・マット』でプロレスは作り物だとWWFが堂々と公言したことに衝撃を受けたという高橋は、新日本プロレスも同様だと同書で〝カミングアウト〟したのである。曰く、「プロレスは最初から勝負が決まっているショー」「映画のように細かくシナリオが決まっているわけではないが、勝ち負けとおおよその流れは決まっている」「一日の全試合について、マッチメイカーはカード編成と勝ち負けを決める」「プロレスは世界最強の芝居」等々。

同書は20万部近くのベストセラーとなり、「ウソだったなんてひどい」「その程度のことはプロレスファンなら了解していたが、はっきり暴露するのは野暮」「飯を食わせてもらっていた古巣に対する裏切り行為」などさまざまな反響があり、業界内外で議論が活発化した。ただし当の新日本プロレスは公式コメントを出さず沈黙を決め込んだ。

浮かび上がった論点は多いが、中でももっとも本質的だったのは「仮に高橋の言う通りだとして、ではプロレスの面白さとは一体どこにあるのか？」であろう。

紡がれる「アングル」

プロレスとドキュメンタリーの虚構性と面白さを考えるのにうってつけのドキュメンタリーが『俺たち文化系プロレスＤＤＴ』（16）だ。１９９７年に旗揚げされ、現在ではあまたある国内プロレス団体の中でも特にショー要素、エンタテインメント要素が強い団体として知られるＤＤＴプロレスリングに密着した作品で、監督は同団体所属のレスラー・マッスル坂井《さかい》（覆面レスラーとしてのリングネームは、先述したスーパー・ササダンゴ・マシン）と松江哲明である。

本作の軸になっているのは、２０１５年11月17日に後楽園《こうらくえん》ホールで行われた試合だ。その試合とは、ＤＤＴ所属のＨＡＲＡＳＨＩＭＡ＆大家健《おおかけん》vs.新日本プロレス所属の棚橋弘至《たなはしひろし》＆小松洋平《こまつようへい》（現ＹＯＨ）のタッグマッチ。この試合が組まれるに至った経緯が、ＨＡＲＡＳＨＩＭＡや大家や坂井のリング外での姿や、これまでのレスラー人生を振り返りつつ描かれる。

冒頭、オープニングタイトルの後に流れるのは試合１ヶ月前の模様。マッスル坂井がマイクで、ＨＡＲＡＳＨＩＭＡと大家健にふさわしい対戦相手をブッキングしてほしいと会社（ＤＤＴ）に要求する。その対戦相手とは棚橋だ。

実はタッグマッチの3ヶ月前、HARASHIMAは棚橋とのシングルマッチで負けていた。HARASHIMAはDDTのエース。団体のエースが他団体のスター選手に負けたままでは、HARASHIMA個人の想いだけでなく、DDTのプライド的にも収まりがつかない。

ちなみに2015年当時、両団体の規模感や観客動員数には格差があった。2024年現在よりもずっと「新日＞DDT」だったのだ。また、棚橋はHARASHIMAに勝利した後、「全団体を横一列で見てもらったら困るんだよ！」と発言し、団体として格が違うと言わんばかりにDDTを挑発した。そういった意味でもDDTは新日に一矢報《いっしむく》いたい。それが11月17日のタッグマッチなのだ。

このようなドラマチックな物語性は、プロレス用語で「アングル」と呼ばれる。アングルとは、レスラー同士の因縁やリング外での抗争にまつわる筋書き、ストーリー展開のこと。ミスター高橋はアングルを「試合を盛り上げたり特定の選手を売り出したりするために、何らかの因縁や経歴などをでっち上げることを言う。でっち上げるというと聞こえが悪いが、つまりは芝居に不可欠な演出にほかならない[*2]」と説明した。

当たり前だが、アングルは自然発生的に出来上がるものではない。WWFに雇われ脚本家が存在したように、「誰か」が物語のシナリオを考えている。

棚橋の所属する新日本プロレスで展開された歴史的に有名なアングルと言えば、「新宿《しんじゅく》・伊勢丹《いせたん》前襲撃事件」であろう。1973年11月5日、アントニオ猪木《いのき》が妻の倍賞《ばいしょう》美津子《みつこ》とともに新宿・

伊勢丹のビルから出てきたところを、宿敵タイガー・ジェット・シンらが襲ったのだ。ミスター高橋によれば、このアングルはアントニオ猪木自身がシンの売り出しのために考えたものだという。しかも猪木から協力を依頼されたミスター高橋は、シンとともに現場近くの車で待機していたそうだ。[*3] 事件はスポーツ紙のみならず一般紙も書き立て、大きな話題となった。

これほどまでに派手ではないにしても、WWEやDDTに限らずプロレスにアングルはつきものだ。

ファクトはひとつ、アングルは無数

ドキュメンタリーを含む映像作品においては、「被写体に対するカメラの角度や位置」を表す撮影用語も同じく「アングル」と呼ばれるが、第6章で言及したメイキングドキュメンタリー『さようなら全てのエヴァンゲリオン』は、アングルのなんたるかを考えるのにうってつけの内容だった。『さようなら全てのエヴァンゲリオン』では、『シン・エヴァンゲリオン劇場版』の作中で重要な舞台となる集落「第3村」の大掛かりなミニチュアセットや、プロの役者に簡易的なセット上で実際に演技をさせてモーションキャプチャーを行う現場にもカメラが向けられていた。

ただ疑問だ。すべてを「絵」で描き起こすアニメーションを作っているはずなのに、なぜわざわざ「実物」を用意する必要があったのか？

それは、監督の庵野秀明がまったく新しい、新鮮なアングルを「探す」ためだ。『シン・エヴァ』本編の大半は、従来のような絵コンテ（脚本を基に描かれる、カットごとの画面の設計図のようなもの）なしで制作されたという。その代わりに、プリヴィズ（previsualization）と呼ばれる簡易的な立体CG映像を作って設計図とし、それを基にアニメーターが作画していった。モーションキャプチャーを行ったのはプリヴィズを作るためだ。モーションキャプチャーは、ある空間の中での人や物体の動きを立体的にデジタルで記録するので、いったん記録してしまえば、そのシーンにおけるカメラの（仮想の）置き場所、つまりカメラアングルをいかようにも自由に設定し、完成映像を無数のパターンでシミュレーションすることができる。

当然ながら、映像作品には定番のアングルというものがある。食事シーンならこれ、会話シーンならこれ。見慣れた構図、よくある画面レイアウトというやつだ。

しかし、『さようなら全てのエヴァンゲリオン』によれば、庵野はそんな「普通のアングル」をなるべく採用したくないらしい。まだ見たことのない、斬新で面白いアングルを見つけたい。そのためには、建物同士の空間配置が正確な縮尺で作り込まれたミニチュアや、人間同士が実際の位置関係の中で物理的に挙動するモーションキャプチャーのデータが必要だった。いずれも、アニメを制作するにおいてはものすごく回りくどく、ものすごく金のかかる方法ではあるが、それでなければ「面白いアングル」など発見できようもないと、庵野はわかっていたのだ。

当たり前だが、セリフと芝居（人物の挙動）が脚本によってあらかじめ決められている以上、それをどういうふうに撮影しようが、「そこで起こっていること」自体は変わらない。これをファクト（事実）と呼ぼう。

しかし、カメラをどこに置くか、すなわちそのファクトをどういう角度（アングル）で撮影するかによって、観客の抱く印象はまるで変わってくる。

たとえば夫婦が口喧嘩しているシーン。向かい合って激しく口論するふたりを真横から切り取るアングル（激昂《げっこう》しているふたりの横顔がふたりとも確認できる）と、妻の背中越しにカメラを置いたアングル（妻の表情は見えず夫の表情だけが真正面から確認できる）では、シーンの印象がまったく異なるだろう。

これはドキュメンタリーの方法論とも見事に対応する。ファクトはひとつしかない。しかし、どの撮影素材を選択するかによって、つまりどの角度（アングル）で事実を切り取るかによって、観客が抱く感情を自在にコントロールできるのがドキュメンタリー最大の特徴にして醍醐味だからだ。

そのことは庵野もよくわかっている。番組中、「もし庵野さんが庵野秀明のドキュメンタリーを撮るんだったら、どう撮るのか」とディレクターに問われた庵野は、こう答えた。

「ドキュメンタリーって、あるようで本当はないから。結局使えるところだけ切り取るわけだし。その時点でドキュメンタリーという名のフィクション」

ふたつの「見え方」のコントロール

撮影用語としてのアングルとは、文字通り対象物の〝視覚的な〟見え方をコントロールするもの。それに対し、ドキュメンタリーにおける「事実の切り取り方」としての「アングル」やプロレスにおける「アングル」は、〝印象面での〟見え方をコントロールするものと言えるだろう。

同じレスラー同士による同じ内容の試合だったとしても、そのふたりに過去の因縁というアングルが設定されているか、いないかで、観客が受ける試合の印象は大きく変わってくる。ちなみにWWEには男性プロレスラーと女性プロレスラーとの恋愛アングルも存在するから面白い。

『俺たち文化系プロレスＤＤＴ』のタッグマッチも「ＨＡＲＡＳＨＩＭＡと棚橋の因縁」というアングルがあるかないかで、観客の没入度はまるで違ってくるだろう。だからこそ同作は、タッグマッチの試合とＨＡＲＡＳＨＩＭＡたちの過去が交互に描かれるというサンドイッチ型の構成を採用した。バックストーリーとしてのアングルと、目の前で行われている試合のダイナミズムを、観客のエモーションの部分でシンクロさせるためだ。高校野球の中継で言うなら、イニングの合間に事前収録した厳しい練習風景や家族からの激励の言葉をインサートするようなものである。

ところで、ＤＤＴのエンタメ性が象徴的に現れているのが、マッスル坂井がスーパー・ササダンゴ・マシンとして登場する際、会場でノートＰＣをプロジェクターに繋いで行う「煽りパワポ」と呼ばれるプレゼンテーションだ。「パワポ」とはもちろん、マイクロソフトのプレゼンテーションソフトウェア「パワーポイント」のことである。

一種のマイクパフォーマンスとして行われるこの〝余興〟は、お笑い芸人の「めくり芸」に近いノリ、と言ったら伝わるだろうか。リングコスチュームをまとったマスクの大男が、まるでビジネスマンのように流暢なしゃべりを披露するギャップも含め、「芸」としての完成度は非常に高い。DDTファンにはおなじみのパフォーマンスだ。

「煽りパワポ」では、試合に対する意気込みや今日に至るまでの流れ、論点、試合のポイントなどがユーモアあふれるスライドを駆使して語られるが、ある意味で「設定されたアングルを観客にわかりやすく言語化・可視化する」という役割も担っている点は興味深い。

『俺たち文化系プロレスDDT』のDVDには、映画の舞台挨拶初日に客前で披露された「煽りパワポ」が特典映像として収録されているが、ここでは本作が「2015年に起きたDDTと新日本プロレスの企業間抗争を軸に構成され」ており、「DDTと新日本プロレスは仲直り」できたかどうかが描かれていると説明される。これは一種の「アングル解説」であり、第6章に引き寄せて言うなら「親切な脚注」である。

「何が真実か」はドキュメンタリーの仕事ではない

改めて問う。もしプロレスが「ショー」なのだとすると、つまり確固としたアングルが編まれ、そしてミスター高橋が言うように勝敗も最初から決まっているのだとすると、我々はいったいプロレスの何を楽しんでいるのか。

これは卓越したミュージシャンの演奏に喩えられるのではないか。

我々は誰かの演奏を聴くとき、その曲が知っている（＝展開や結末がわかっている）曲だからといって、無価値だとは考えない。聴きたいのは「曲」ではなく「演奏」だからだ。

となると大事なのは、演奏者の腕である。何度聴いても聴き惚《ほ》れるプレイというやつだ。これはプロレスラーで言うなら「上手《うま》さ」にあたる。流れるようなロープワーク、切れのあるドロップキック、芸術的なバックドロップ、美しい空中殺法。次々と技を繰り出し、きっちり相手の技を受け、テンポ良く試合を展開させる。相手の力量を十分に引き出した上で、見映えのいい大技でフィニッシュを決める「上手さ」。

しかも、常に演奏が譜面通り行われるとは限らない。コード進行はそのままでも、大胆なアレンジがなされることがある。セッションにおいて、相手の「仕掛け」を受けて臨機応変に「応える」こともある。そのハプニング的な即興パフォーマンスに聴衆は魅了される。「上手い」人間でなければ、そんなことはできない。

我々がプロレスに感じるカタルシスとは、このような「上手さ」だ。ミスター高橋も言う。

「プロレスの内部においては『どちらが強いのか』などという命題はなかった。プロとして競い合っているのは、昔も今も『どちらが上手いか』ということだ」「レスラーがほかのレスラーの実力を話題にするとき、『○○は上手いよな』という評価はするが、『○○は強いな』という表現は、まず出てこない」[*4]

DDTに所属する上野《うえの》勇希《ゆうき》とスーパー・ササダンゴ・マシンも２０２２年のインタビューで、「K－1もプロレスも勝ち負けはつくし強さを競うものではあるんですけど（略）、プロレスはめっちゃ強くて勝っても盛り上がらないんですよね」（上野）、「最短距離で勝ちに行っても嫌われるんです」（スーパー・ササダンゴ・マシン）とそれぞれ発言した。[*5]

イベントプロデュースの仕事を経由してプロレスラーとなり、自ら立ち上げたDDTを――WWFの影響を受けて――エンタテインメント路線へと転向させた高木《たかぎ》三四郎《さんしろう》は、２００８年の著書で「プロレスは〝最強〟よりも〝最高〟を目指すべきではないか？」と述べている。[*6]

プロレスは「一番強い奴」を決定するために行っているわけではない。「一番上手い奴」の卓越したパフォーマンスを見せるために行っている。だからこそ、各団体は「上手いプロレスラー」をエースに据えるし、そのエースのプロレスが「映《ば》える」ようなマッチメイクが施される。プロレスは「競技」ではなく、チケット代に見合った満足と納得を観客に提供する「興行」なのだとすれば、当然と言えば当然だ。

そしてこの「一番強い奴を決めるのはプロレスの仕事ではない」という謂《いい》は、どことなく「公正中立な真実を描くのはドキュメンタリーの仕事ではない」ことを想起させはしないか。

では、誰の仕事なのだろう。「一番強い奴を決める」のは真剣勝負の格闘技大会もしくはアマチュアレスリングなどの大会、でよいのだろうか？　「公正中立な真実を描く」のはニュースなど報道の役割なのだろうか？　どちらも、いささかクエスチョンマークをつけざるをえない。「観客への説得力」が大事なのはプロレスもドキュメンタリーも同じ、ではありそうだが。

「我々はいったいプロレスの何を楽しんでいるのだろう」という問いはそのまま、「我々はいったいドキュメンタリーの何を楽しんでいるのだろう」という問いに転化できる。少なくとも本書の立場で言うなら、それは「真実の活写」ではない。見たいのは上手い演奏であり、見ごたえのある試合なのだから。

観客の了解事項は変化する

興行としてのプロレスが、ストリートファイト的な意味での〝真剣勝負〟だと信じている者は、今やほとんどいないだろう。しかし、「プロレスはショーである」の〝当たり前度〟は昔から不変だったわけではない。時代が下るごとに、徐々に「常識化」していったのだ。

力道山《りきどうざん》が活躍した1950年代と、プロレスがゴールデンタイムにTV中継されてお茶の間を沸かせていた1970年代から1980年代と、ミスター高橋が暴露本を出版した2001年と、『俺たち文化系プロレス DDT』が発表された2016年とでは、観客が備えているプロレスについての了解事項の水準がまったく異なる。

了解事項が変化していった要因は多岐にわたる。TVや週刊誌をはじめとしたマスコミが躍進した1970年代以降は、それまで一般人が知ることのできなかった芸能界やショウビズ界の「事情」が、少しずつ大衆の知るところとなった。

1980年代から1990年代にかけては、全日本プロレス／新日本プロレスの2大団体以外の「第三極」として、従来のプロレスのファイトスタイルとはまったく異なるスタイルを掲げる団体（UWFなど）や、K–1をはじめとした総合格闘技が登場した。これにより、観客が抱く印象として、従来型の見世物的なプロレス興行の「ショー度」は（相対的に）上がり、「真剣勝負度」は（相対的に）下がったと言えよう。続く『ビヨンド・ザ・マット』の公開やミスター高橋の暴露は、そのような下地があってこその「ダメ押し」だった。

「良識ある大人は最初からプロレスをショーだと考えていたのだから、了解事項は最初から変化していない」という主張に、あまり意味はない。了解事項は「了解しているか、していないか」の二択ではなく、スペクトラム（連続体）だからだ。「なんとなく信じている人」「それほど信じていない人」の分布にはシームレスな連続性があり、しかもそのグラデーション具合は時代によって大きく変化する。ジャニー喜多川の性加害疑惑が最初に報じられた当時とBBCが番組で告発して以降の現在とでは、「ジャニー喜多川はクロ」だと了解している人の割合や了解度合いがまったく異なっている。

テクノロジーやメディアの発達は、従来ブラックボックスだった世の中の「仕組み」を次々とオープンにしていった。特にインターネットの登場は、それまでブラックボックスだったある業界の「中の人」が匿名で、かつ超低コスト・低リスクで内情を公開することを可能にした。さらに、「中の人」以外の第三者、それを外から観察している〝観客〟同士がインターネットによって繋がることで、集合知を駆使して「中の事情」に対する推論を確信に高めることもできるようになった。

映画にしろ、SNSにしろ、スポーツにしろ、お笑いにしろ、芸能界にしろ、現在の観客は昔とは比べ物にならないほど、内情を「わかって」しまっている。もはやあらゆるエンタテインメントは台所事情からビジネススキームまで、フルオープン状態だ。手の内を隠しておくことなどできない。

そういった意味でDDTプロレスリングという団体は、プロレスが従来持っていた虚実皮膜をギリギリのところで捨てることなく、それでいて世間の了解事項の変化に呼応する形で自らのありようを時代にアジャストし続けた団体だ。彼らは手の内を晒すこと、アングルを画策するプロセスそのものも開示することで、エンタテインメントを構築した。言うなれば、観客の了解事項が多いことを逆手に取った。

これは、会議やオーディション風景にカメラを入れて開示すること込みで成立するアイドルユニットのプロジェクトや、制作過程を明かしながらファンを増やしていく個人クリエイターの活動に近い。あるいはまた、第5章で言及した『さよならテレビ』が、ストーリーテリングの作為性を自ら暴露しながら、それ自体をエンタテインメントとして「面白く」見せようと画策した「たくらみ」にも近い。

ほくそ笑むドキュメンタリストたち

『俺たち文化系プロレスDDT』の結末は、感心するほど「よくできた」代物だ。もしHARASHIMAが棚橋を負かしてしまえば、HARASHIMAのリベンジは成立するが、新日本プロレスを背負う棚橋のメンツが立たない。かといって再び棚橋がHARASHIMAを負かせば、HARASHIMA側の物語に大団円を描くことができない。

では、何が〝正解〟だったか。

HARASHIMAが、棚橋のタッグパートナーである小松をフォールしたのである。つまり団体としてのDDTは団体としての新日本プロレスに一矢報いた。HARASHIMAも「勝利」はした。しかし棚橋というプロレスラーに土はついていない。スター選手である棚橋個人のメンツは保たれたのだ。

しかも、その先には完璧なオチがついていた。

一旦は退場した棚橋が会場に戻り、なんとスーパー・ササダンゴ・マシン（坂井）のお家芸である「煽りパワポ」を披露したのだ。タイトルは「プロレス界をもっと盛り上げる方法」。団体同士手を取り合って頑張ろうという、前向きかつこれ以上ないプロレス愛に満ちたプレゼンテーション。DDTファンが多くを占める会場の心を、宿敵・新日本プロレスの棚橋が一気につかんだのである。タッグチームとしては負けた棚橋だが、最後の最後に「おいしい」ところを全部持っていくとともに、この団体間抗争に美しく終止符を打ったのだ。

その後、カメラは会場外の廊下へ。そこでDDTの社長（当時）・髙木三四郎は坂井に言う。

「やっぱお前は天才だな」

完璧なアングルの考案者に対する、最大級の賛辞だった。[*7]

エンドロールを挟み、エピローグ。DDTのレスラーたちは打ち上げの飲み屋へ移動する。髙木は満面の笑みで「エゴサーチしながら……思い出しながら……食う飯は美味《うま》いね」。そして髙木や坂井らが一心不乱にスマホをチェックする画《え》で終わる。ドキュメンタリストたちの「しめしめ」が透けて見えるようなラストカット。仕掛け、意図、作為の愉悦、会心の「してやったり」。何重もの虚構の上に成立している、超ハイコンテクストなリアル。それがプロレスの妙味なのだと言わんばかりの結びだ。

観客の了解事項を〝了解〟してすべて飲み込み、それ以上の「面白さ」でアウトプットする。俗に言われるプロレスの美学、「相手の技を9受けて10返す」だ。これは、いかにもドキュメンタリーに援用できそうな謂《いい》ではないか。

『ビヨンド・ザ・マット』	１９９９年／アメリカ	監督：バリー・W・ブラウスタイン
『俺たち文化系プロレスＤＤＴ』	２０１６年／日本	監督：マッスル坂井、松江哲明
『さようなら全てのエヴァンゲリオン〜庵野秀明の１２１４日〜』	２０２１年／日本	制作：ＮＨＫ

＊１　『悪意とこだわりの演出術』（藤井健太郎 著／双葉社、２０１６年）

＊２　『流血の魔術　最強の演技―すべてのプロレスはショーである』（ミスター高橋 著／講談社、２００１年）

＊３　前掲書

＊４　前掲書

＊５　「『プロレスは格闘技の２・５次元』きつねとＤＤＴが考える〝プロレスブーム〟の行方」（日刊サイゾー、２０２２年3月29日配信）

＊６　『俺たち文化系プロレスＤＤＴ』（高木三四郎 著／太田出版、２００８年）

＊７　プロレス好きのお笑い芸人・水道橋博士《すいどうばしはかせ》は、自身のブログで「マッスル坂井の根源的な才能は、松本人志や松尾《まつお》スズキや宮藤官九郎《くどうかんくろう》レベルで語るべき。モノが違う」（水道橋博士の「博士の悪童日記」、２０１６年4月8日）と絶賛した。ここで挙がっている著名人の属するジャンルが、ドキュメンタリーと共通項の多い「お笑い」、並びに筋書きの存在する「演劇」である点に、プロレスの本質が透けて見える。

第10章

フェイクドキュメンタリーはドキュメンタリー以上にドキュメンタリーである

高純度で詰め込まれた監督の意図

フェイクドキュメンタリー（和製英語。正式にはモキュメンタリー）とは、ドキュメンタリーの手法で撮られたフィクションのことである。つまり、あらかじめ筋書きや展開が用意された物語だ。フェイクドキュメンタリーについて押さえておきたい特質は、大きく3つある。

ひとつめは、ドキュメンタリーの手法（撮り方、編集や構成、画面の空気感など）だけを味わう、という好事家《こうずか》向けの側面だ。ドキュメンタリーのドキュメンタリーらしさたるゆえん、その本質だけを蒸留して抽出する、あるいは煮詰めて煩張るようなもの。

ドキュメンタリーが本物の飛行機なら、フェイクドキュメンタリーは精巧なラジコンの模型飛行機だ。模型飛行機の翼や胴体の構造は本物を正確に模している。本物をつぶさに観察し、構造を把握し、分析し、理論に沿いながら実際に飛ばしてみることで、そもそも飛行機がなぜ飛べるのか、その仕組みを知る一助となる。「ある構造体が飛ぶ」ことの本質を理解できる。

ただし、ある構造体が飛翔する根拠となる流体力学の理論や揚力の発生について深く知りたい人にとって模型飛行機はうってつけかもしれないが、人や荷物を遠くまで運びたい人にとっては、なんの役にも立たない。フェイクドキュメンタリーをいくら観ても、題材についての正確な知識が得られないのと一緒だ。沖縄の基地問題を知りたい、部落差別について知りたい、公害問題について知りたい、教科書問題について知りたい、ロシアとウクライナの関係について知りたい。そういった実利的な知識を得たい人にとって、フェイクドキュメンタリーは、なんの「得」にもならない。

その意味で、フェイクドキュメンタリーを楽しめるかどうかで、ドキュメンタリーの何を面白がっているかが浮き彫りになる。リトマス試験紙だ。

2つめは、本家であるドキュメンタリーとは対照的に「主客が逆転した虚実皮膜」を基本構造としている点。ドキュメンタリーは基本的に、実際の事件や事象を取り上げながら、作り手の「たくらみ」という少しの〝虚〟をまぶすことで「面白く」仕上がるが、フェイクドキュメンタリーの場合、作り込んだ虚構の中に圧倒的な〝本当〟を挿入することで、虚構に信用を持たせようとする。プロレスが虚構たるアングルまみれであっても、本物の痛みが伴う技のかけ合いが介在することで観客を感情的に没頭させるのと同じ。

3つめは、作り手の「意図」がドキュメンタリー以上に直接的でノイズなく作中に立ち現れるということ。ドキュメンタリーは「存在している現実に、後付けで作り手の意図やストーリーテリングを乗せることと」しかできない。そのため、意図やストーリーテリングを優先させたいあまりに一線を越えた「仕込み」や「やらせ」が問題になることもある。[*1]

しかし、筋書きや展開や脚本が準備されているフェイクドキュメンタリーは、当然ながら大前提として「仕込み」と「やらせ」の産物だ。ゆえに、一切の無駄なく作り手の意図で作品を満たすことができる。完璧に制御された思い通りのストーリーテリングを紡ぐことができる。喩えるなら、冷蔵庫にあるものだけで作る料理より、市場で自由に食材を買って作る料理のほうが、料理人が「もともと作りたかったもの」を作れる。監督の「意図の純度」を高めるのにフェイクドキュメンタリーはうってつけなのだ。

これらを、俳優・山田孝之《やまだたかゆき》が〝自分を演じた〟2本のTVシリーズと1本の劇場版で検証していこう。

「自分探し」の滑稽さを嗤う『山田孝之の東京都北区赤羽』

2015年1月〜3月、テレビ東京系の深夜帯で放送された『山田孝之の東京都北区赤羽《あかばね》』(監督：松江哲明、山下敦弘《やましたのぶひろ》／30分×12話)は、役者として行き詰まった山田が赤羽に移り住み、住民たちと交流するうちに「自分を発見していく」というフェイクドキュメンタリーだ。同名の漫画原作が存在し、その作者・清野《せいの》とおるも本人として登場する。漫画原作は清野自身が赤羽の奇異な人物や名所などを探索・紹介・交流する内容であり、当然ながらそこに山田は登場しない。ただし、漫画に登場する赤羽のエキセントリックな住人たちは実在し、番組にも実名で登場する。

本作に込められた制作サイドの「意図」とは何か。端的に言えば、「自分探し」に帯びる滑稽さの描出だ。

たとえば、山田がカメラの前で執拗《しつよう》に繰り返す役者論。「自分らしく、己を持って生きたい」「俳優以外にいろんなことをしたい。いろんなことが繋がってくると思う」。真面目は真面目だが、典型的な意識高い系、どこか空回りしていてやや痛い。しかし有名俳優の言うことであり、かつ目があまりにも真剣なので、山下はじめ周囲はそれを無下《むげ》に否定することができない。そのもどかしい空気、居心地の悪さが、よくできたコントのような空気を醸している。

実は山田が発するこのような言葉は、ぬるい俳優インタビュー記事上で大量に散見される。内容がありそうでない、何か言っていそうで何も言っていない。血気盛んな意識高い系発言の典型。フェイクドキュメンタリーと知って観れば、これほどまでに陳腐で〝置きにいった〟セリフはないと笑えるが、巷《ちまた》のドキュメンタリー番組では、ともすればよく耳にする発言ではある。『〜東京都北区赤羽』は、山田孝之という役者を使って、いかにもいそうな若手役者の面倒臭い「自分探し」を精密にでっち上げ、その「あるある」を露悪的に告発していた。実に意地が悪い。

最終話では、赤羽の地元劇団と出会った山田が、彼らと赤羽住人を出演者として自分主演のチープなオリジナル劇『桃太郎』を上演し、役者として大切なものを取り戻すという――実に安っぽい、ありきたりな――結末を迎える。

山田をアシストする地元劇団の劇団員は、いかにも小演劇界隈で迷いなく頑張っている、ポジティブ全開の男性（つまり山田とは対照的）。彼は子供たちを相手にダンスや演劇の児童教室を主宰している。それを見た山田が〝大切なものに気づく〟のだ。この「スランプに陥った一流の役者が、草の根的な小規模舞台で自分探しを完了」という、いかにも聞いたことのある陳腐な構図の設定は、もちろん制作側の仕組んだ「あえて」の愉快犯的設《しつら》えであろう。「自分探し」と「劇団」の相性の良さを利用した見事な皮肉だ。

山田が考えたという劇の内容も、悪意のこもったひどさだ。山田演じる桃太郎は、鬼退治の途中で立ち寄った自由な動物の村（＝赤羽のアナロジー）に居心地の良さを見出すが、最後の敵（鬼）は「自分自身の中にいた」――という、ストレートに観念劇じみた結末。その劇を、今まで赤羽で出会った住人たちや山田の盟友たちが皆、見届けに来ている。観客席から沸き起こる拍手。『新世紀エヴァンゲリオン』TVシリーズ最終回並みの「全キャラ集合祝福」。それまでの赤羽での山田の体験がフラッシュバック。「あたたかい感動」をあえて安っぽく演出している。

ラストカット、満足げな山田の横顔は会心のオチと言ってよいだろう。制作陣のほくそ笑みが山田を通して透けて見える。

二段構えの告発が仕込まれた『山田孝之のカンヌ映画祭』

『～東京都北区赤羽』の2年後、２０１７年1月～3月に放送された『山田孝之のカンヌ映画祭』（監督：山下敦弘、松江哲明／30分×12話）は、山田がカンヌ映画祭で賞を取るためにプロデューサーとして映画を製作する過程を追ったフェイクドキュメンタリーだ。本作における作り手の「意図」は二段構え、二層構造になっている。

ひとつめは、山田が憑依《ひょうい》的に演じる、アーティスティックな〝ものづくり〟にかぶれてしまった（しかし底は浅い）意識高い系プロデューサーしぐさに対する嘲笑だ。

第1話は、山田が山下を呼び出し、「カンヌで賞が欲しい」と言い出すところから始まる。カンヌで賞を取るために自分がプロデュースする作品を山下に監督してもらいたいと言う山田。その内容は、実在の殺人鬼であるエド・ケンパーを題材にしたもので、当時まだ小学生だった芦田愛菜《あしだまな》を主役に据える（なおエド・ケンパーは男性で、逮捕時は24歳である）。山田は製作資金を獲得するためのパイロットフィルムを作り、カンヌへ飛んで現地の映画人にアドバイスをもらい、カンヌで「グランプリ」を受賞した河瀬直美監督を訪ねて大きく触発される。

そうして作品『穢《けがれ》の森』の制作が開始されるが、現場は困惑と大混乱に陥る。山田が自分のイメージをあやふやな言葉で説明するだけでスタッフを動かそうとするからだ。山田は脚本も絵コンテも用意せず、抽象的な理念ばかりを口走るので、現場はどう動いていいかわからない。コンセプトと高尚な理念をディスカッションするばかりで全然ものができていかない、どこぞの頭でっかちな映画研究会のような地獄が続く。

頭の中にある理想を言語化できないまま、理想とは乖離したものしかできそうにない現場を見て苛立ちまくる山田は、クランクイン日にせっかく作った大道具にケチをつけ、山下もその場でクビにして、すべてをダメにしてしまう。

理想ばかりを追い求めるアーティスト気取りの口だけプロデューサーが現場に迷惑をかける――

確かに、ありそうな状況ではあるし、幾多の撮影現場を経験してきた山下、松江、山田は、この状況に心当たりがあったかもしれない。このようなプロデューサーが実在し、それを実名で告発する代わりに、むしろノイズを排し告発の純度を高めるために、罪状にはっきりとした輪郭を引くために、フェイクドキュメンタリーとしてこの状況を作った、とも思える。一見して。

しかし、本作が告発したかったものは、おそらくそんな矮小なものではなかった。彼らはこの種のプロデューサー個人を告発しているのではない。山田が演じる困ったプロデューサーのふるまいに仮託して、現在の日本映画の状況を盛大に皮肉っている。これが、二段構えの二段目だ。

「日本映画界に対する苛立ち」という圧倒的な〝本当〟

山田〝演じる〟プロデューサーが、なぜこうも面倒な「意識高い系」に仕上がっているのかといえば、彼が現状の日本映画界に対して大きな不満を抱いているからだ。決まりきった人間関係、決まりきった製作方法でしか作っていないから、新しいものができない。だから世界に太刀《たち》打《う》ちできないと、山田は主張する。

山田らが訪ねていった脚本家・映画監督の天願大介《てんがんだいすけ》は作中、現在の日本映画界について、辛辣に指摘する。

「みんな大喜利が好きなんですよ。日本は。みんなが同じことを知ってて、同じ経験をしてて、同じ価値観を共有してるから、小さな価値観が楽しいっていうゲームですよね。これって体力がなくなった年寄りの遊びだと思うんですよ。だからつまり、フィジカルが弱いと。日本映画は」「微細なね、大喜利ゲーム、センス合戦をね、いくらやっても、国内では評価されるかもしんないけど、外行ったら一撃で倒されてしまう。つまり（海外では）同じものを共有してないから」

これもフェイクドキュメンタリーに名を借りた、〝良心的な〟映画人たちの心の叫びそのものだろう。

1億円程度の出資にも難色を示す国内最大の映画製作会社（東宝《とうほう》）。ゲームに展開できそうな映画だったら……と期待を持たせるも、プレゼン直後に正式なNGを通達してくる大手ゲーム会社（ソニー・インタラクティブエンタテインメント）。怪しい個人からタニマチ的に出資を募らなければ製作費が確保できない悲しさ。「脱ぐ、脱がない」で長澤まさみとの間に展開する低レベルな押し問答。「低予算」がありありとうかがえる大道具の仕上がり――。

そういう、映画という崇高な芸術を作るにあたって邪魔をする、クソみたいにくだらない現実的状況に、「王様の耳はロバの耳」よろしく不快感をはっきり声に出したのが、山田演じるプロデューサーだった。しかしその叫びは悲しいかな、この忖度社会日本では「空気の読めない、子供っぽい馬鹿のふるまい」としてアイロニーたっぷりのコメディとして消化されてしまう。制作陣はその悲しみを作中に込めた。

2シリーズともフェイクでありながら、その中には圧倒的な〝本当〟が混ぜ込められている。

『〜東京都北区赤羽』には、赤羽の本物の住人たちのほか、山田が実際に親交のある俳優の綾野剛《あやのごう》ややべきょうすけ、大根仁《おおねひとし》監督、ミュージシャンの吉井和哉《よしいかずや》が登場。『〜カンヌ映画祭』では日本映画大学でカンヌの賞傾向を聞いたり、カンヌで実際の映画人に取材したり、河瀨直美をはじめとした映画人に映画を語らせるなどしている。それにより、虚構の信用度が格段に上がるのだ。「アングルは作り物でも、痛みは正真正銘の本物」というやつである。

批判をかわしやすい

現実に即して表現したい筋書きや展開があるなら、普通にフィクションのドラマを撮ればよいのではないか？　なぜわざわざドキュメンタリーの手法を採用する必要があるのか？　という疑問を抱くかもしれない。その答えとなりうるのが、フェイクドキュメンタリーは実話ベースのフィクションと比べて批判をかわしやすいという性質だ。

実話ベースのフィクションはしばしば、「物語として面白くすべく事実を改変」してバッシングを食らう。山田孝之が実在のアダルトビデオ監督・村西《むらにし》とおるを演じたNetflixドラマ[*2]『全裸監督』（19）は上々の評判を得て続編も製作されたが、一方で村西が美化されすぎていること、実名で登場しているAV女優本人にコンタクトを取らないまま製作されていたことが問題になった。東京《とうきょう》新聞の記者・望月衣塑子《もちづきいそこ》の同名著作を原案とした映画『新聞記者』（19）や、2023年のN

HK大河ドラマ『どうする家康』も、現実や史実（と多くの人が認識すること）からの乖離が批判を呼んだ。

世の中には「（俺の認識している）事実と違うじゃないか警察」があまりにも多いからだ。

その点フェイクドキュメンタリーは、立脚点が「本当を少し混ぜ込んだだけの虚構」という建前であるがゆえにバッシングされにくい。現実と直接比較されて重箱の隅をつつかれる危険性がない。最初《はな》から「フェイクなので」というエクスキューズで逃げられる。その上で作り手は「あ、これ全部ウソ話ですけどね、なんちゃって」の中に、〝本心〟を存分にぶち込める。現実離れしたSFファンタジーに、しばしば哲学的真理や切れ味鋭い風刺が紛れ込んでいるのにも似ている。

当然ながら、フェイクドキュメンタリーは、ドキュメンタリーではしばしば禁じ手か否かの議論となる「仕込み」や「やらせ」に対する批判もかわせる。最初から筋書きのあるものに、「仕込み」も「やらせ」もないからだ。

端的に言えば、「ドキュメンタリー以上に作り手が言いたいことを言いやすい」のがフェイクドキュメンタリーだ。その意味でフェイクドキュメンタリーはドキュメンタリーの反対語ではなく、ドキュメンタリーの**ドキュメンタリーらしさを誇張**した代物である。逆説的な言い方になるが、フェイクドキュメンタリーはドキュメンタリー以上にドキュメンタリーっぽい。ものまね芸人が本人以上に本人の口癖や挙動を把握しているのと同じ。フェイク（偽物）は本物に擬態する必要があるため、むしろ本物以上に「ドキュメンタリーとは何であるか」に自覚的でなければならないからだ。

ドキュメンタリーをより深く理解したいなら、フェイクドキュメンタリーを観ればいい。

ドキュメンタリーが〝本当〟かどうかなど誰にもわからない

2017年6月に公開された『映画　山田孝之3D』（監督：松江哲明、山下敦弘）は『山田孝之のカンヌ映画祭』の事実上の続編だ。『山田孝之のカンヌ映画祭』最終話のラスト、芦田愛菜の仲介で一旦は決別した山田と山下が和解し、山下が山田主演で映画を撮る、という流れになる。それで作られたのが『映画　山田孝之3D』というわけだ。

しかしその内容がまた問題である。着席した山田に、山下が70分あまりずっとインタビューするだけの代物で、端的に言えば実に「つまらない」のだ。

山田に対する質問はひねりのないものばかり。趣味や特技、子供の頃の夢、穿《は》いているパンツの色、初恋はいつ、など。アイドル雑誌のグラビアページに添えられている読み物記事「100の質問コーナー」を想像されたい。そこには「好きな食べ物：いちご」「尊敬する人：お母さん」など、ファン以外にはどうでもいい情報が並んでいる。

山田は俳優になった経緯を丁寧に説明するが、特にメリハリもなければ、特に面白くもない。たいしたオチもない。芸能人インタビューの経験がある筆者からすれば、まるで、「撮れ高の低いアーティストインタビューの現場を、わざとパロディとして再現している」かのようなつまらなさだ。

山田は終始、持論を語る。生い立ちを語る。その言葉数はたしかに多い。しかし、頭に入ってこない。言葉は多いが、薄いのだ。本当にどうでもいい話が多い。はっきりと退屈だ。

それにしても、松江や山下ほど実績のある監督が、こんな冗長なシーンを編集で切らないはずがない。つまり、冗長さを残すこと自体に意味を持たせている。そう、「つまらない状況」をあえて演出している。

観客は不安になってくる。いったいこの映画はどこに向かっているのか？

終盤、山下はようやく核心じみた質問を投げる。

「お芝居を嘘って感じたことはある？」

「……ってしゃべってる山田君は、芝居してんの？　どっちなの？」

しかし山田はあやふやにはぐらかす。「今日……今日芝居したかな。意図的にしたの1回だけです」と答えるが、その1回がなんなのかは言わない。

やがて、最後のくだり。

山下「最後に何か言い残したことありますか？」

山田「長澤《ながさわ》まさみさん、オーロラとか興味ありません？　野菜のスープとか……作って……」

これはインタビュー中に長澤のことが好きだと言ったことを受けての、特に意味のない冗談だ。言った山田は自分で吹き出してしまう。

山下「はいカット、以上で大丈夫です。お疲れさまでした」

その後、椅子から立ち上がった山田は、一度画面外にはけた後、再び戻ってきて衝撃の一言を言い放つ。

「全部ウソ」

その言葉を最後に、エンドロールの音楽が始まる。

この「全部ウソ」が、直前の山田の発言に対してだけのものなのか、『映画　山田孝之3D』全体を指すのか、はたまた『～東京都北区赤羽』『～カンヌ映画祭』すべてに対してなのかは、明かされないし説明もされない。

ちなみに、『映画　山田孝之3D』公開にあたり、山田はこんなコメントを寄せている。

> 2016年、僕と山下さんは手を取り合い、衝突を重ね、決別し、再び手を取り合い一つの映画を完成させました。（略）僕は芦田さんと出会ったことでたくさん失い、たくさん発見することができました。いつか芦田さんのような大人になるため、山田孝之は**現実をぶち壊し**続けて生きていきます。（傍点筆者）

一連のフェイクドキュメンタリーシリーズ[*3]は、山下と松江が中心となり、山田をはじめとした著名な俳優や錚々《そうそう》たる映画人たちが総出で作り上げた。結局のところその通奏低音となっていたのは、「役者の〝本当〟のパーソナリティなど誰にもわからない」という、映像を生業《なりわい》とする者たちの切実な肌感覚であったのかもしれない。

世の中に俳優を追ったドキュメンタリーの類いは山ほどある。しかし、自らをブランディングする義務を課されている彼らが、果たしてカメラの前で本当の心情など吐露するものだろうか。やすやすと本音など語るだろうか。彼らの演技力や監督の演出力をもってすれば、それをでっち上げて視聴者の印象をコントロールすることなど、実にたやすいのではないか？　その実験体として山田孝之が選ばれ、見事に応えたのだとすれば？

今一度、思い出してほしい。人はドキュメンタリーのカメラを前にすると、往々にして普段とは違う自分を役者よろしく〝演じる〟ということを。すなわち「役者の〝本当〟」は「被写体の〝本当〟」に一般化できる。

ドキュメンタリーにおける被写体の〝本当〟のパーソナリティなど誰にもわからない。であれば、そのドキュメンタリーが〝本当〟かどうかなど誰にもわからない。

＊

ドキュメンタリーのフィクション性を、身をもって体現した山田は、３作の放送・制作と時期を同じくする２０１５年から２０１６年に、ＮＨＫ『新・映像の世紀』のナレーションを務めた。ＴＶドキュメンタリーとしては屈指の評価を誇るシリーズのナレーションを、２０１０年代屈指の野心的フェイクドキュメンタリーの立役者が担当する。偶然にしても実に遊び心のある、戯れじみた虚実の交錯ではないか。山田による『新・映像の世紀』冒頭のナレーションはこうだ。

「私たちはなぜ、今こんな世界に住んでいるのか。これから、どこに向かうのか」

現実の脚注たるドキュメンタリーはたぶん、その疑問に答えるためにこれからも作られ続ける。

『山田孝之の東京都北区赤羽』　２０１５年／日本　監督：松江哲明、山下敦弘

『山田孝之のカンヌ映画祭』　２０１７年／日本　監督：山下敦弘、松江哲明

『映画　山田孝之３Ｄ』　２０１７年／日本　監督：松江哲明、山下敦弘

＊１　『俺たち文化系プロレスＤＤＴ』『山田孝之の東京都北区赤羽』『山田孝之のカンヌ映画祭』『映画　山田孝之３Ｄ』に関わった松江哲明は、２００７年に発表して話題になったドキュメンタリー監督作『童貞。をプロデュース』において、出演者の加賀賢三《かがけんぞう》に性行為を強要したことが加賀自身から２０１７年に告発され、２０１９年に謝罪。謝罪文は「加賀さんの気持ちを無視して、作品の完成、**展開を優先**してしまったことを、深く反省しています。申し訳ありませんでした」（傍点筆者）と綴られた。

＊２　『新映画論　ポストシネマ』（渡邉大輔《わたなべだいすけ》 著／ゲンロン、２０２２年）「このドラマで山田が演じた主人公は、

一九八〇年代に一世を風靡したアダルトビデオ（ＡＶ）の監督・村西とおるだったが、現代のフェイクドキュメンタリー的想像力の起源のひとつにＡＶがあることを考え併せると、ここには映像史的な符合があるといえる」

＊3　山下敦弘と松江哲明は『映画　山田孝之３Ｄ』公開後、『緊急生放送！山田孝之の元気を送るテレビ』（17）という単発番組をテレビ東京系で制作した。同作はドキュメンタリーではなくスタジオでの生放送だが、放送中、山田孝之は一言も発言せず、視聴者に「元気を送る」ことに徹するという内容だった。

Column 2 フェイクドキュメンタリー分類考

フェイクドキュメンタリーは大きく3つに分類される。

ひとつめは、最初からフィクションであることを明示して作られた、ドキュメンタリータッチの作品。映画作品では『ブレア・ウィッチ・プロジェクト』(99)、『パラノーマル・アクティビティ』(07)、『クローバーフィールド/HAKAISHA』(08) あたりが有名どころだ。いずれも撮影者が行方不明になり映像データが後で発掘された——という設定のフィクション作品(ファウンド・フッテージ)である。

2つめは、現実世界を巻き込んでまでひとつの作品とするもの。『容疑者、ホアキン・フェニックス』(10) は、数々の映画賞を受賞している俳優ホアキン・フェニックスが突如俳優を辞めてヒップホップアーティストになると宣言してからの奇行を、当時義理の弟だったケイシー・アフレックがカメラで追うという内容。実はヒップホップアーティストへの転向は嘘で、製作陣はなんと2年近くにもわたりマスコミや大衆を騙し続けた。

『ボラット 栄光ナル国家カザフスタンのためのアメリカ文化学習』(06/監督：ラリー・チャールズ)も現実社会を巻き込んでいる。主演のサシャ・バロン・コーエンを一躍スターにした本作で彼は、カザフスタンの田舎者TVリポーター・ボラットに扮《ふん》し、渡米して好き放題に大暴れする。ボラットは何も知らないアメリカ市民に対し、文化の違いを盾に失礼を働きまくり、呆れさせたり怒らせたりするのだ。ここまで来ると、フェイクドキュメンタリーというよりはお笑い番組の過激なドッキリ企画に近い。

3つめは、フェイクであることを先にあまり言わず、「わかる視聴者にだけはわかる」ような遊び心をもって制作されたもの。『山田孝之の東京都北区赤羽』(15)、『山田孝之のカンヌ映画祭』(17)がそれにあたる。起源については諸説あるが、世界各地の奇習や奇祭をグロ映像を交えて綴った『世界残酷物語』(62/監督:グァルティエロ・ヤコペッティ)、密林地帯で発見されたフィルムに食人や強姦が映っていた——というファウンド・フッテージものである『食人族』(80/監督:ルッジェロ・デオダート)あたりが、よく知られている。

遊び心をもって制作された日本の有名なフェイクドキュメンタリーといえば、『水曜スペシャル』の「川口浩《かわぐちひろし》探検シリーズ」をおいて他にない。これはテレビ朝日系で1978年から1985年まで断続的に放送されたシリーズで、俳優の川口浩が探検隊を率い、世界のジャングルや洞窟、未踏の地などを訪れ、未確認生物や猛獣などを探索するもの。のちに元スタッフが語っているように、基本的にはすべてやらせと演出で、隊員が罠にかかるといったアクシデントも含めてすべて仕込みの産物である。タイトルで「猿人」「獣人」「怪獣」「双頭の巨大怪蛇」*などと煽ったりもしているが、無論そのような生物は発見できずじまい、もしくはまったくの羊頭狗肉《ようとうくにく》オチ、もしくは見世物小屋ばりの嘘くさい見せ方でお茶を濁して終わる。

当時、多くの大人たちは「川口浩探検シリーズ」を馬鹿にしていたが、放送当時同じく子供たちの間では大人気だった。それは、子供たちに人気だったプロレス中継と同じような虚実皮膜の魅力が同番組にあったからだろう。

そんな中、「フェイクドキュメンタリー疑惑」を長らく問われ続けている作品がある。今やストリートアートの世界的第一人者となったバンクシーが2010年に監督し、アカデミー賞の長編ドキュメンタリー賞にもノミネートされた『イグジット・スルー・ザ・ギフトショップ』だ。

同作は、ロスで古着店を営むティエリー・グエッタというフランス出身の男が「ミスター・ブレインウォッシュ」と名乗り、アーティストとしてアート界で名声を得るまでのプロセスを描いたものだが、バンクシーの視線は終始「彼には才能がない」で貫かれている。そこで、一部の者たちはこんな仮説を立てた。

バンクシーは真の芸術的価値などわからない者たちの投機によって成り立っているアートシーンを、常々クソだと思っていた。そこで、才能のない男に真似事《まね》としてアートをやらせ本物の売れっ子にすることで、このくだらなさを皮肉り、笑い飛ばそうと考えた。

すなわちティエリーは共謀者だ。バンクシーは当初からティエリーに計画を話し、先々のシナリオも伝え、つまりティエリーと〝握って〟、このような壮大なジョーク、壮大なパフォーマンスを敢行し、最後に種明かしとして本ドキュメンタリーを発表したのではないか？

結果、その「実験」は大成功し、ティエリーはミスター・ブレインウォッシュとして本当に売れてしまった。ティエリーは名声と巨額の富と引き換えに、その秘密を墓まで持っていく……。

無論、証拠はない。そもそもフェイクドキュメンタリー説については、バンクシー自身が公式に否定している。

だが、バンクシーほど強い政治性と社会批評を孕んだ作品を発表するアーティストなら、「意図の純度」を高めるのにフェイクドキュメンタリーを利用してもおかしくない。何より、ドキュメンタリーであるよりフェイクドキュメンタリーであるほうが、ずっと「面白い」ではないか。

＊同番組の放送作家・藤岡俊幸《ふじおかとしゆき》によれば「ストーリーをまず作ります。オチを決めてからルートを考える。途中途中でどういう脅かしとかを入れるんだっていう。世界地図を見ながらね」『ヤラセと情熱　水曜スペシャル「川口浩探検隊」の真実』（プチ鹿島　著／双葉社、２０２２年）

epilogue

本書の元になっている原稿は、「ジャーロ」というミステリー専門誌（電子雑誌）に、全11回にわたって連載された「ミステリーファンに贈るドキュメンタリー入門」である。掲載誌が掲載誌だけに、「巧みなストーリーテリングや知的な仕掛け」が三度の飯より好物のミステリーファンを想定読者とし、ドキュメンタリーにそれほど通じていない人向けの鑑賞ガイドのような趣を意識して執筆した。

しかし書籍化にあたっては、鑑賞ガイドの方向性はそこそこに留め、ドキュメンタリストたちの「たくらみ」により色濃い輪郭をつけるべく、大規模な改稿と構成変更を施した。それなりの文字数を費やしていた作品説明を圧縮する一方で、「論」を追加・肉付けし、その深度を深め、角度を鋭く研いだ。結果、章によってはほとんど原形を留めていない。

国内ドキュメンタリーシーンは２０１０年代に入って急速に「面白く」なった。地方ＴＶ局が次々とドキュメンタリー制作に参入し、テレビ屋が得意とする「視聴者を飽きさせない技術」が投入されたドキュメンタリーが増えたからだ。

その先鞭《せんべん》をつけた東海テレビが、『ヤクザと憲法』『さよならテレビ』といった一連の作品について、配信もＤＶＤ化もしない方針を貫いているのは、実に興味深い。「どうしても観たい」という強い意志のある者だけが、特定の映画館での限られた上映期間中に足を運ぶという、まあまあの金銭的・時間的コストを支払わなければ観られないようになっている。

これは、「動画配信サービスで、あらゆる作品が安価かつ簡単に観られる」という昨今の映像視聴をめぐる時流からは、完全に逆行している。番組がひとりでも多くの人に観られることを至上目的とするTV局の作ったドキュメンタリーが、とてつもなく「観にくい」という奇妙な状況。

そこにはきっと「意図」がある。

改めて概括するなら、本書はドキュメンタリーが虚実ないまぜ、意図と作為の産物であることを十分に了解した上で、「面白がる」ための視点や気付き、知的に疑うための方法、偉そうに言うなら「リテラシー」についてまとめたものである。ドキュメンタリーは虚実皮膜（だから面白い）、被写体も作り手も本心を隠しているかもしれない（から面白い）。

虚と実が絶妙なバランスで拮抗《きっこう》し、かつ虚と実の配合比率が絶対に明かされないことから醸される緊張感。複雑で、あやふやで、不定形なものを、白黒はっきりさせないまま、しかし監督がそこに抱いた割り切れなさもひとつ残らず込めることで、ドキュメンタリーは観客の胸を打つものに仕上がる。そのことを、作り手でも被写体でもない「第三者」の立場からしたためたのが本書だ。

ところが、「ジャーロ」での連載中、はからずも筆者はドキュメンタリー的な当事者性の強烈な洗礼を浴びることとなった。共著者として出版したある書籍に、出版社の校閲でも見つけられなかった事実誤認や情報元が確認できない箇所が多数見つかったため、絶版となってしまったのだ。

その本はもともと共著としてではなく、もうひとりの著者の単著として企画され、筆者はブックライティングを請け負う契約で制作が始まった。ブックライティングとは、著者が口述した内容を文字に起こし、1冊の本に構成する仕事である。ドキュメンタリーで言えば、被写体に取材し、撮れた素材を構成して1本の作品に作り上げる役目だ。それまでにも20冊以上手掛けた経験があった。やがて著者への取材が進むと、著者から共著にすることを持ち掛けられ、実務役割上はブックライターのまま、その提案を承諾した。

本書で再三述べてきたように、ドキュメンタリーの被写体が本心や事実を語っているかどうかは定かではない。悪意のある嘘や意識的なセルフブランディングは論外としても、思い違いや記憶違いに基づいた語りというものは往々にしてある。

ブックライターは取材相手たる著者の語りを、書物としてより「面白く」読んでもらうための構成に仕立て上げることに集中する。良き読書体験が得られる（第5章よろしく）ストーリーテリングを思案する。著者が発した言葉を「素材」として漏れなく確保し、最適の組み合わせを考える。

しかし、組み合わせ最適解の探索に執心するあまり、「素材」自体に含まれる誤りに気づくことができなかった。ドキュメンタリーの真実性を疑う原稿を連載していながら、自分自身が真実性に欠陥のある原稿の制作に加担していたのだから笑えない。

さらに、事実誤認が公に報じられたことで、筆者が職業ライターとして事物を記述する「見る者」の立場から、一瞬にして「見られる者」の立場に変化したことも、実に「ドキュメンタリー的」だった。ドキュメンタリー監督が、ある日を境に被写体になったようなもの。期せずして、

「見られる者」の居心地の悪さを味わった。第4章の記述をそのままなぞるなら、「深淵の側に立たされ」「心穏やかではいられない」日々を経験し、「暗がりから明るい場所」を見ることで、「多くのものを見る」ことができたのである。

振り返れば、内容の真実性をひとつ残らず検証することが制作上の役割に含まれていないのなら、共著者クレジットを承諾すべきではなかった。痛恨の極みだ。その後の自重、自戒、書き手としての精進を誓う期間を経て最初に刊行される著作が、虚実ないまぜのドキュメンタリーについて考察するものであることには、何かしらの意味を見出さざるをえない。

本書は、光文社文芸編集部の藤野里佳氏、同編集長の鈴木一人氏、編集部の菊池若奈氏の多大な尽力があって完成した。

「ジャーロ」の連載時の担当である藤野氏とは、彼女が同社の別の媒体に所属していた時からの付き合いである。各回のテーマや作品選定の相談に乗ってもらい、四苦八苦して書き上げた原稿に対して送られてくる丁寧な感想には、毎度救われる思いだった。書籍編集時には身重だったにもかかわらず、出産ギリギリまで制作に並走してくれたことは感謝に堪えない。なお、本書の初校ゲラチェック中、無事ご出産されたとの報を頂戴した。喜ばしいことこの上ない。

連載スタート時の方向性の策定、書籍化時の大幅改稿について、鋭く的確な提案やアドバイスを次々と繰り出してくれたのが鈴木編集長である。特に書籍化にあたっての改稿に関する打ち合わせでは、数々の「痛い所」を突かれた。そのお陰で、本書は「ぬるくない」書物に仕上がったはずだ。菊池若奈氏には、書籍化時の進行やゲラのやり取りなど、さまざまな作業を正確に滞りなく進めていただいた。初回打ち合わせ時、彼女の年齢は筆者の半分以下。自分とまったく異なる世代の方から発される感想、意見は貴重かつありがたいものであった。

また、筆者が「心穏やかではいられない」状況でも見放すことなく寄り添ってくれた妻と息子に、最大の感謝を捧《ささ》げる。

本書で展開している「論」のいくつかは、公になっているドキュメンタリストたちの発言を根拠に組み立てているが、被写体のみならず彼らも本心を正直に語っているとは限らないのは、本文に記した通り。最後の最後に申し訳ないが、つまり本書には、意図まみれの騙《かた》りに基づいた、そして故意に基づかない〝虚〟が含まれている可能性がある。ひいては、本書に限らずあらゆるテキスト、ドキュメンタリーに限らずあらゆる映像に〝虚〟が含まれている可能性について、我々は十分に警戒する必要があるということだ。

とはいえ、十分な警戒の先に、えも言われぬ愉悦が待っているのもまた事実。慎重なクライマーほど高い山に登れるし、そこから無傷で生還できる。

それを教えてくれるのが、ドキュメンタリーなのだ。

二〇二四年八月　稲田豊史

稲田豊史（いなだ・とよし）

1974年、愛知県生まれ。ライター、コラムニスト、編集者。横浜国立大学経済学部卒業後、映画配給会社に入社。その後、出版社でDVD業界誌の編集長、書籍編集者を経て、2013年に独立。
著書に『ぼくたちの離婚』（角川新書）、『「こち亀」社会論　超一級の文化史料を読み解く』（イースト・プレス）、『映画を早送りで観る人たち　ファスト映画・ネタバレ――コンテンツ消費の現在形』（光文社新書）、『ポテトチップスと日本人　人生に寄り添う国民食の誕生』（朝日新書）など。

初出
「ミステリーファンに贈るドキュメンタリー入門」
（「ジャーロ」2022年1月～2023年9月／No・80～No・90）
書籍化にあたり大幅に改稿した。

このドキュメンタリーはフィクションです

2024年9月30日　初版1刷発行

著者……稲田《いなだ》豊史《とよし》
デザイン……坂野公一（welle design）
写真……©Adobe Stock
発行者……三宅貴久
発行所……株式会社 光文社
〒112-8011 東京都文京区音羽1-16-6
電話 編集部 03-5395-8254
書籍販売部 03-5395-8116
制作部 03-5395-8125
URL 光文社 https://www.kobunsha.com/
組版……萩原印刷
印刷所……新藤慶昌堂
製本所……国宝社

ISBN978-4-334-10433-7
JASRAC 出2406467-401